Ernest Aly Thiaw

La protection des minorités

Ernest Aly Thiaw

La protection des minorités

La protection des minorités dans le système africain des droits de l'homme

Éditions universitaires européennes

Impressum / Mentions légales

Bibliografische Information der Deutschen Nationalbibliothek: Die Deutsche Nationalbibliothek verzeichnet diese Publikation in der Deutschen Nationalbibliografie; detaillierte bibliografische Daten sind im Internet über http://dnb.d-nb.de abrufbar.
Alle in diesem Buch genannten Marken und Produktnamen unterliegen warenzeichen-, marken- oder patentrechtlichem Schutz bzw. sind Warenzeichen oder eingetragene Warenzeichen der jeweiligen Inhaber. Die Wiedergabe von Marken, Produktnamen, Gebrauchsnamen, Handelsnamen, Warenbezeichnungen u.s.w. in diesem Werk berechtigt auch ohne besondere Kennzeichnung nicht zu der Annahme, dass solche Namen im Sinne der Warenzeichen- und Markenschutzgesetzgebung als frei zu betrachten wären und daher von jedermann benutzt werden dürften.

Information bibliographique publiée par la Deutsche Nationalbibliothek: La Deutsche Nationalbibliothek inscrit cette publication à la Deutsche Nationalbibliografie; des données bibliographiques détaillées sont disponibles sur internet à l'adresse http://dnb.d-nb.de.
Toutes marques et noms de produits mentionnés dans ce livre demeurent sous la protection des marques, des marques déposées et des brevets, et sont des marques ou des marques déposées de leurs détenteurs respectifs. L'utilisation des marques, noms de produits, noms communs, noms commerciaux, descriptions de produits, etc, même sans qu'ils soient mentionnés de façon particulière dans ce livre ne signifie en aucune façon que ces noms peuvent être utilisés sans restriction à l'égard de la législation pour la protection des marques et des marques déposées et pourraient donc être utilisés par quiconque.

Coverbild / Photo de couverture: www.ingimage.com

Verlag / Editeur:
Éditions universitaires européennes
ist ein Imprint der / est une marque déposée de
OmniScriptum GmbH & Co. KG
Bahnhofstraße 28, 66111 Saarbrücken, Deutschland / Allemagne
Email: info@omniscriptum.com

Herstellung: siehe letzte Seite /
Impression: voir la dernière page
ISBN: 978-3-8416-6977-3

ABREVIATIONS

AG :	Assemblée générale
Art :	Article
AIDC :	Ation Internationale de Droit Constitutionnel
CADHP :	Commission africaine des droits de l'homme et des peuples
CIJ :	Cour de justice internationale
CPI :	Cour pénale internationale
DUDH :	Déclaration universelle des droits de l'homme
NU :	Nations Unies
OIT :	Organisation internationale du travail
ONG :	Organisations non gouvernementales
ONU :	Organisation des Nations Unies
OUA :	Organisation de l'Unité africaine
Parag :	Paragraphe
Rés. :	Résolution
SG :	Secrétaire général
TPIR :	Tribunal pénal international pour le Rwanda
UA :	Union africaine

SOMMAIRE

CHAPITRE II : *La protection nationale des minorités africaines par l'entremise des droits de la personne*

SECTION I : *La protection des minorités religieuses*

SECTION II : *La protection des minorités linguistiques*

SECTION III : *Quelques considérations extralégales pour une effectivité de la protection des minorités au sein des États africains*

CONCLUSION

INTRODUCTION

« C'est un élément bien triste de l'histoire que nombre des pires conflits ne sont pas entre le bien et le mal mais entre deux différentes sortes de bien »[1]. Cette assertion de Martin Dent a le mérite d'être saluée surtout à l'heure où les conflits relatifs aux minorités ensanglantent l'actualité.

Longtemps, l'individu au même titre que le groupe minoritaire n'était pas sujet de droit international[2]. Leur sort relevait du droit interne. Il a fallu attendre la première moitié du vingtième siècle avec la création de la Société des Nations pour voir les minorités effectuer une entrée remarquable sur la scène internationale.

Si la Déclaration universelle marqua l'avènement de l'individu comme sujet de droit international, elle reste muette sur les minorités. Cette position n'a pas empêché la persistance des groupes minoritaires au sein des Etats.

Aujourd'hui et plus que jamais le problème des minorités se pose indistinctement sur tous les continents en particulier en Afrique où la carte coloniale a été tracée sans pour autant tenir compte des liens existants entre les différents groupes ethniques et linguistiques, et des bases de pouvoirs régionaux[3].

C'est pourquoi au moment des indépendances, les chefs de fil des mouvements indépendantistes ont mis en exergue l'idée d'un « Etat-nation » afin d'asseoir la stabilité du continent. C'est dans cet ordre d'idées que l'on a assisté à l'adoption de l'art. 2, paragr.3 de la Charte de l'OUA consacrant le respect de l'intégrité territoriale des Etats africains.

Idée intéressante mais peu productive car quelques temps après, nombreuses sont les minorités qui souffrent du peu d'attention que les Etats accordent à leurs droits entraînant ainsi d'énormes tensions et conflits. C'est dire en d'autres termes qu'il y a un lien indéniable entre les conflits et la violation des droits des minorités.

Cela a été souligné par L'Assemblée des chefs d'Etat et de gouvernement en 1994 lors de l'adoption de la Déclaration sur le Code de Conduite dans les Relations Inter -africaines

---

[1] - C'est une citation traduite par Nicolas Schmitt dans : Protection des minorités, fédéralisme et démocratie de concordance : tout est lié, Conférence sur le Burundi- Genève, 17-19 avril 1996, p.5.

[2] - Le droit international n'avait qu'un seul interlocuteur : l'Etat. Sur cette base, l'individu était dilué dans l'entité étatique, a fortiori le groupe minoritaire.

[3] - Presque toutes les frontières africaines ont été héritées de la course européenne pour l'Afrique qui a suivi la Conférence de Berlin de novembre 1884. Ainsi, pour le maintien de l'ordre dans la région, les leaders ont consacré le principe de l'intangibilité des frontières. La Résolution du Caire de 1964 le consacre : « tous les Etats membres s'engagent à respecter les frontières héritées lors de l'accession à l'indépendance nationale ».

qui dispose : « *la paix, la justice, la stabilité et la démocratie appelle la protection de l'identité ethnique, culturelle, linguistique et religieuse de tous nos peuples, y compris les minorités nationales, et la création de conditions à même de promouvoir cette identité* ».

La question minoritaire reste par nature universelle car chacun d'entre nous appartient à une minorité et souvent à une majorité. Les exemples ne manquent pas : les problèmes du Tibet, de la Yougoslavie, les problèmes entre biafrais et nigérians, entre hutus et tutsis, entre nazis et juif. Partout nous sommes confrontés à des conflits opposant minorités et majorités.

Dès lors, il apparaît fructueux et pertinent en tant qu'étudiant en Droit de mener un travail d'initiation à la recherche sur un tel sujet : la protection des minorités dans le système africain des droits de l'homme.

En effet, d'une part la protection des minorités contribuerait au développement et à la stabilité du continent mais elle éviterait également des conflits internationaux. D'autre part, l'analyse d'un tel sujet constitue une occasion pour nous d'inciter les personnes plus particulièrement les juristes de fournir d'énormes efforts afin de résoudre ou d'atténuer les conflits relatifs aux minorités.

Sans conteste, le terme « *minorité* » a fait fortune en droit international tant du point de vue de sa définition que de sa distinction de certaines notions voisines comme le concept de « *peuple autochtone* ».

Concernant sa distinction de la notion de « *peuple autochtone* », il faut sans prendre recul affirmer que ce n'est pas une œuvre facile. En effet sur cette question, les débats ont eu lieu entre les juristes à l'occasion de l'adoption au conseil des droits de l'homme des Nations Unies à Genève de la Déclaration sur les peuples autochtones du 30 juin 2006. A dire vrai, les problèmes des peuples autochtones ont une similitude complète à ceux des minorités que ce soit sous l'angle des droits revendiqués que d'un point de vue des menaces auxquelles ils font face.

La Déclaration de l'UNESCO de 2001 n'a pas eu tort en protégeant la cause culturelle des minorités en association avec celle des peuples autochtones en son article 4 qui dispose : « *La défense de la diversité culturelle est un impératif éthique, inséparable du respect de la dignité de la personne humaine. Elle implique l'engagement de respecter les droits de l'homme et les libertés fondamentales, en particulier les droits des personnes appartenant à des minorités et ceux des peuples autochtones. Nul ne peut invoquer la diversité culturelle pour porter atteinte aux droits de l'homme garantis par le droit international, ni pour en limiter la portée* ».

Pour le prof. Ben Achour, il n'y a pas de distinction fondamentale. Normalement prétend t-il, « *cette catégorie se ramène entièrement à celle des minorités ethniques. Elle ne présente pas de traits distinctifs substantiels* »[4].

Pour ce qui est de la définition du terme « **minorité** », un fait est indéniable : cette notion est imprécise. Qui est minorité et qui ne l'est pas ? Quels sont les critères d'appartenance aux minorités ? Qu'est-ce qui distingue la majorité de la minorité ? Face à ces interrogatives, on ne peut qu'avouer son embarras.

Honoré Silvestre Nnanga affirme que « *la minorité peut avoir une essence démographique, politique, économique, sociale, culturelle, linguistique ou de situation* »[5].
Pour lui, la minorité est démographique lorsque les statistiques issues du recensement général de la population nationale permettent lorsqu'elles sont objectives[6] de montrer que telle tribu, telle race, telle catégorie sociale présente un effectif faible par rapport à d'autres tribus, d'autres races ou d'autres catégories dans le même Etat.

Elle est économique quand elle provient du résultat obtenu au terme de la comparaison effectuée, entre tel ensemble linguistique ou racial national, entre telle catégorie sociale omniprésents dans tous les milieux d'affaires, les commerces, les industries du pays et d'autres ensembles et catégories nationaux faiblement présentés dans les milieux.

La minorité peut également être politique. Il affirme qu'il s'agit du cas où telle frange de la population revendique de n'avoir jamais tenu les reines du pouvoir ou remet en cause le fait d'être sous-représentée dans les organes de pouvoir étatique par rapport à la surreprésentation des autres.

De même, il prétend que la minorité peut être intellectuelle. C'est l'hypothèse où certaines populations peuvent à juste titre récuser le fait que presque toutes les institutions scolaires et académiques soient tenues et occupées pour l'essentiel par des individus ressortissants d'une même région, ou d'une même famille[7].

La minorité peut être sociale. Dans ce cas de figure, certaines couches sociales peuvent, dans un Etat, estimer que leurs intérêts ne sont pas suffisamment défendus. Ceux qui

---

[4] - Yadh Ben ACHOUR. *Souveraineté et protection internationale des minorités*, RCADI, 1996, p. 355
[5] - H. S. Nnanga, la protection institutionnelle des minorités : principe constitutionnel de perfectionnement du principe d'égalité ou consécration de la dictature des minorités ? Revue de la CADHP, tome 7, n°2, 1998, p. 173.
[6] - La pratique a montré que les recensements généraux des populations dans les Etats ne sont pas toujours neutres. Dans notre étude, déclare Nnanga, il ne s'agit pas de l'objectivité atténuée absolue mais plutôt de la subjectivité atténuée, supportable.
[7] - Le terme famille est entendu au sens africain c'est-à-dire large.

ont été investis de ladite charge par l'Administration appartiennent plutôt à une classe qui ne ressent pas les mêmes difficultés.

Nnanga pense que les minorités peuvent être culturelles ou confessionnelles. En pareille occurrence, les adeptes de telle religion[8], de telle secte, de telle obédience confessionnelle ou philosophique, les chefs traditionnels et les détenteurs des pouvoirs ancestraux, les guérisseurs et autres herboristes peuvent mettre en évidence leur marginalisation sociale ou l'ostracisme pratiqué contre eux par les individus relevant des catégories culturelles et confessionnelles majoritaires ou dominantes.

Enfin, la minorité peut être linguistique. Ici, l'auteur donne l'exemple du Cameroun où il y a une opposition[9] traditionnelle entre anglophones et francophones. Les premiers cités étant minoritaires, il se développe en eux une attitude qui tend à montrer dans ce groupe une sorte d'unanimité voilée qui se dégage sur le point que les francophones, majoritaires détiennent l'essentiel des reines du pouvoir et exercent ce pouvoir envers et contre les populations anglophones. N'est-ce pas dire là que les minorités sont plurielles ?

Nnanga fait constater qu' *« il n'existe pas de peuples ou de catégories sociales fondamentalement minoritaires. La majorité d'aujourd'hui peut suite à un changement de circonstances devenir la minorité de demain. De même aucun peuple ne pourrait prétendre être majoritaire en tout et pour tout. La majorité et la minorité sont donc des phénomènes à relativiser »*[10].

Dès lors, sans risque de se tromper on peut dire que cette notion est polymorphe, n'obéit pas à une seule définition. Tel est l'état du droit et telles sont les interprétations les plus acceptées.

Cela apparaît clairement à travers la classification globale des minorités présentée par le Prof. Stavanger pour qui, les minorités peuvent être constituées soit :

- par des groupes religieux, nationaux, raciaux, linguistiques, vivant dans des Etats se reconnaissant comme multinationaux ou pluriethniques ;

-par les mêmes groupes vivant dans un Etat-nation ne reconnaissant pas le fait minoritaire ;

-par des minorités nationales détachées d'un Etat voisin de celui dont ils sont les ressortissants ;

---

[8] - Révélée ou non.
[9] - Cette opposition n'est pas toujours violente. Il s'agit de quelques préjugés et quolibets fréquents entre les deux ensembles linguistiques. Quelques fois, il y a eu des tentatives embryonnaires, sans grande envergure, de sécession de la partie anglophone. Mais la revendication la plus fréquente est le retour au fédéralisme malgré l'indifférence des gouvernants qui préfèrent la décentralisation (Titre X, Loi n° 96/06 du 18 juin 1996).
[10] - S. H. NNANGA, op. Cit, p.179.

-par des minorités ethniques à cheval sur les frontières ;

-par les peuples indigènes[11].

Pour notre part, conformément à l'art.27 de la Convention internationale sur les droits civils et politiques qui dispose : *« Dans les Etats où il existe des minorités ethniques, religieuses ou linguistiques, les personnes appartenant à ces minorités ne peuvent être privées du droit d'avoir, en commun avec les autres membres de leur groupe, leur propre vie culturelle, de professer et de pratiquer leur propre religion, ou d'employer leur propre langue »*[12].

Nous ferons recours à trois définitions qui sont loin d'être entièrement satisfaisantes. La première est l'œuvre de Capotorti, rapporteur spécial pour les Nations Unies en 1966. Selon lui en vertu de l'article 27 précité, le terme *« minorité »* doit être défini comme étant *« un groupe numériquement inférieur au reste de la population d'un Etat, en position non dominante, dont les membres ressortissants de l'Etat possèdent d'un point de vue ethnique, religieux ou linguistique des caractéristiques qui diffèrent de celles du reste de la population et de solidarité, à l'effet de préserver leur culture, leurs traditions, leur religion ou leur langue ».*[13]

Quant à la seconde définition, elle fait appel à Jules Deschènes. Pour lui, ce terme renvoie à *« un groupe de citoyens d'un Etat en minorité numérique et en position non dominante dans cet Etat, dotés de caractéristiques ethniques, religieuses ou linguistiques différentes de celles de la majorité de la population, solidaires les uns des autres, animés fût - ce implicitement d'une volonté collective de survie et visant à l'égalité en fait et en droit avec la majorité »*[14].

S'agissant de la dernière, elle est relative à la recommandation 1201(1993) du Conseil de l'Europe portant proposition d'un protocole additionnel à la Convention européenne des droits de l'homme qui définit pour la première fois le concept de minorité concernant les personnes appartenant à des minorités nationales. Son art.1 note : *« Aux fins de cette convention, l'expression minorité nationale désigne un groupe de personnes dans un Etat qui : a) résident sur le territoire de cet Etat et en sont citoyens,*

b) entretiennent des liens anciens, solides et durables avec cet Etat,

---

[11] -Stavenhagen (Adolfo), les conflits ethniques et leur impact sur la société internationale, Revue internationale des sciences sociales, 1991, n 127, p. 124.

[12] - Pacte international relatif aux droits civils et politiques, 16 décembre 1966.

[13] - F. CAPOTORTI , *Etude des droits des personnes appartenant aux minorités ethniques, religieuses et linguistiques,* New York, Nations Unies, 1991, par. 568. V. aussi son cours général de DIP, RCADI, 1994, p. 9.

[14] - « Proposition concernant définition du terme « minorité », Un Doc. E/CN.4/Sub.2 1985/31.

c) présentent des caractéristiques ethniques, culturelles, religieuses ou linguistiques spécifiques,

d) sont suffisamment représentatives tout en étant moins nombreuses que le reste de la population de cet Etat ou d'une région de cet Etat,

e) sont animées de la volonté de préserver ensemble ce qui fait leur identité commune notamment leur culture, leurs traditions, leur religion ou leur langue ».

Les qualités de cette définition ne sont pas à nier, tout au contraire elles sont spectaculaires et donc doivent être saluées. Mais, on retiendra que ces minorités, dans le cadre de cette définition sont appréciées comme étant en relation simplement avec l'Etat sur le territoire duquel ils vivent. Or, dans le cas de l'Afrique, ces groupes exercent souvent l'autorité politique.

A la lumière des principes établis au niveau international, existe-t-il une définition du terme « minorité » en droit régional africain? La négative s'impose. Le droit africain reste muet sur la définition de la notion de minorité.

En effet, les droits des minorités, ainsi que leur évocation, n'étaient pas dans le projet de Banjul de 1981 portant **PROTECTION DES DROITS FONDAMENTAUX**. La Charte africaine a porté son choix sur la préservation et la protection des droits des Etats tout en consacrant celles des droits de l'homme : intégrité territoriale et inviolabilité des frontières.

De la même façon, l'UA ne prévoit pas dans son texte fondamental[15] parmi ses objectifs relatifs à la promotion et à la protection des droits humains et des peuples conformément à la Charte africaine des dispositions sur les minorités. L'UA ignore le concept de minorité. D'ailleurs à en croire Blaise Tchikaya, le droit international en Afrique, depuis les années 50, se refuge d'utiliser le concept de minorité. Il y est pourtant question de communautés et de tribus.[16]

Pour sa part, Joseph Marie affirme qu'en *«Afrique, c'est plutôt l'Etat, en tant que société politique, qui est minoritaire »*[17]. C'est peut-être là une raison du mutisme du droit régional africain.

De ce fait pour plus de prudence, nous nous contenterons de faire étalage des critères retenus par Samia Slimane. Il s'agit pour lui de :

---

[15] - Adopté le 11juillet 2000.
[16] - B.TCHIKAYA. *Le droit international et le concept de minorité : quelques observations à partir du cas de l'Afrique.*
[17] - Cette déclaration n'est pas fausse lorsqu'on considère que ces Etats sont constitués de mosaïques d'ethnies. C'est d'ailleurs pourquoi la plupart de ces Etats sont dans une tension permanente entre les diverses communautés.

-tout groupe ethnique, religieux ou linguistique à l'intérieur d'un Etat;

- en position non- dominante dans l'Etat dans lequel il vit;

-Consistant d'individus qui possèdent un sentiment d'appartenance à ce groupe;

-Déterminé à préserver et développer leur identité ethnique distincte;

-Discriminé ou marginalisé en raison de leur ethnicité, langue ou religion.

Par ailleurs, force est de préciser qu'en Afrique l'observation de la jurisprudence de la commission africaine des droits de l'homme montre une assimilation de la notion de minorité à celle de peuple consacrée dans la charte.

C'est dire que les minorités bénéficient des droits accordés aux peuples. On retiendra dès lors pour reprendre les termes de Blaise Tchikaya qu'en Afrique l'approche des droits des minorités s'effectue par prétérition : une tendance à traiter d'un phénomène sans le dire, sans avoir à le déclarer.

Concernant le concept *« protection »,* Kéba Mbaye le perçoit comme étant *« tout système comportant à l'occasion d'une ou de plusieurs violations d'un principe ou d'une règle relatifs aux droits de la personne humaine et édictés en faveur d'une personne ou d'un groupe de personnes, la possibilité pour l'intéressé de soumettre une réclamation, de déclencher une mesure tendant à faire cesser la ou les violations ou à assurer aux victimes une réparation équitable »*[18].

Pour sa part, le Prof. A. D. Olinga fait observer que la protection *« qui est le point culminant de la garantie de l'effectivité, implique l'intervention de mécanismes en vue de contrôler le respect des engagements pris par les Etats, d'examiner les recours pour violation et, si ces dernières sont établies ou avérées d'indiquer les modalités de la sanction et de la réparation des droits »*[19].

Pour mémoire, l'idée de protection des minorités n'est pas une nouveauté ; elle a une origine lointaine. Elle est apparue en Europe au lendemain des guerres de religion, luttes armées entre catholiques et protestants au16 et 17eme siècle qui aboutirent à la proclamation de la liberté de conscience au profit notamment des minorités religieuses. Plus tard, avec la montée du nationalisme, les congrès européens, par exemple, étendront au 19siècle la protection internationale aux minorités nationales.

Pour ce qui est de l'expression « **système africain des droits de l'homme** », l'on retiendra qu'elle implique ou plutôt qu'elle fait appel à une canalisation, une spécialisation de

---

[18] - Kéba MBAYE. *Les droits de l'homme en Afrique*, Paris : Ed. A. Pédone, 1992, p. 70.
[19] - A. D. OLINGA. *Les mécanismes internationaux de promotion et de protection des droits de l'homme*, Institut des relations internationales du Cameroun(IRIC), Université Yaoundé 2, p.2.

la protection des minorités nationales en Afrique par rapport à d'autres continents tels que l'Europe, l'Amérique, l'Asie …etc.

C'est dire contrairement aux prétentions de certains Etats africains[20] que l'Afrique comme toutes les autres régions du monde est affectée par les conflits relatifs aux minorités.

Alors, on peut se poser la question de savoir : **quels sont les mécanismes de protection des minorités en Afrique? Cette protection est-elle effective ?**

Questions simples mais embarrassantes dans la mesure où elles impliquent une étude approfondie de la situation des minorités en Afrique surtout à cette époque où la violation des droits de l'homme dans ce continent est plus que jamais incontestable.

Quoi qu'il en soit, les mesures de protection existent et sont suffisamment nombreuses tant au niveau supranational que national pour permettre une réponse positive même si à certains égards les limites fulminent.

Sur le plan international, l'Organisation des Nations Unies a mis en place des instruments ainsi que des organes permettant d'assurer la protection des minorités. Ensuite, la protection régionale des minorités africaines est rendue possible grâce à la naissance d'une organisation de l'unité africaine, actuellement dénommée Union Africaine. Cette organisation a mis en place des instruments et des organes de protection desdites minorités.

Enfin, la protection des minorités au niveau international étant à elle seule insuffisante, il convient de noter l'existence de mécanismes nationaux de protection des minorités à travers des institutions mais aussi par l'entremise des droits de la personne.

Il conviendra dès lors d'analyser dans une première partie la protection internationale des minorités dans le système africain et dans une seconde, faire étalage du régime de protection nationale des minorités dans le système africain des droits de l'homme.

---

[20] - A la question de la Commission africaine de savoir s'il y avait une domination d'un peuple par un autre, l'Ambassadeur du Ghana a déclaré : « Je dois dire que dans le cas du Ghana la réponse est évidemment négative. Il n'y a pas de domination d'un groupe ethnique, par un autre. C'est absolument clair ». Ghana, Examination of State Report, 14th Session, December1993.

De la même manière, le Gabon a informé le comité des droits de l'homme des Nations Unies « il n'y a pas de problème de minorités au Gabon, la population étant pleinement intégrée». CCPR/128/Add.1, 14 june 1999, par.50.

PREMIÈRE PARTIE

L'APPLICATION DU REGIME DE PROTECTION INTERNATIONALE DES MINORITES DANS LE SYSTEME AFRICAIN DES DROITS DE L'HOMME

Le concept juridique de droit des minorités est déjà bien ancré dans le droit international contemporain, bien que sa définition, à l'instar de celle de l'agression, n'ait pas encore été définie. La protection internationale des minorités a donc débuté avec le système des minorités introduit par la Société des Nations après la Première Guerre Mondiale.

Au niveau international, il existe toute une gamme de mesures relatives à la protection des droits de l'homme en général et en particulier des minorités nationales. En effet, certaines sont élaborées dans le cadre onusien tandis que d'autres sont propres à une organisation régionale.

Dans cette mesure, nous examinerons dans un premier chapitre la protection des minorités dans le cadre des Nations Unies pour ensuite dans un autre chapitre, s'intéresser au système régional africain de protection des minorités nationales.

CHAPITRE I : LA PROTECTION DES MINORITES AFRICAINES DANS LE CADRE DES NATIONS UNIES

Depuis sa naissance, l'organisation des Nations Unies dans sa mission permanente de maintien de la paix et de la sécurité internationale a mis en exergue un certain nombre de mécanismes destinés à protéger les minorités nationales qui sont souvent à l'origine de plusieurs conflits.

Les dispositions spécifiques à la problématique des minorités sont contenues dans les instruments internationaux suivants : Pacte International relatif aux droits civils et politique (en particulier l'article 27) ; Convention Internationale sur l'élimination de toutes les formes de discrimination raciale ; Pacte International relatif aux droits économiques, sociaux et culturels (article 2) ; Convention relative aux droits de l'enfant ; Déclaration des droits des personnes appartenant à des minorités nationales ou ethniques, religieuses et linguistiques[21] etc...

Ceux-ci se présentent en deux grandes catégories. D'une part, il y a les instruments de protection des minorités et, d'autre part apparaissent les organes.

---

[21] Abdel-Hamid GAHAM, « les effets de la protection internationale des minorités sur le droit constitutionnel », Droit constitutionnel et minorités. Académie Internationale de Droit Constitutionnel., Tunis. ISBN 9973-815-42-4.2003., p. 168

SECTION I : LES INSTRUMENTS ONUSIENS DE PROTECTION DES MINORITES AFRICAINES

On distinguera parmi ces instruments ceux qui ont un caractère indirect d'une part et, d'autre part des instruments directs.

PARAGRAPHE I - LES INSTRUMENTS A CARACTERE INDIRECT

Dans le cadre de la protection des minorités nationales, l'action des Nations Unies se caractérise par le refus de la discrimination sous toutes ses formes. Cette action s'inscrit dans une longue année de lutte contre le racisme et la discrimination raciale[22].

A cet effet, des textes ont été institués qui, sans prévoir expressément la protection des minorités l'abordent implicitement en insistant sur le principe d'égalité et le principe de la non-discrimination. Autrement dit, aucun texte international à dimension universelle n'aborde de manière frontale la question des minorités en tant que telle. Aujourd'hui les minorités ne sont envisagées qu'à travers l'écran des droits de l'Homme et ce en vue de préserver l'intégrité des Etats et afin d'éviter les séparatismes.

Au titre de ces textes, on peut mentionner la Charte des Nations Unies[23]. Le défunt juge sénégalais Kéba Mbaye attache une importance considérable à ce document. Il l'exprime en ces termes : « *L'instrument essentiel qui a posé les fondements du droit international dans le domaine des droits de l'homme est la Charte des Nations Unies* »[24].

Son art.1er énonce parmi les buts des Nations Unies, la réalisation de la coopération internationale grâce à la solution des problèmes internationaux, qu'ils soient d'ordre économique, social, intellectuel ou humanitaire, en développant et en encourageant le « *respect des droits de l'homme et des libertés fondamentales pour tous, sans distinction de race, de sexe, de langue ou de religion* ».

---

[22] L'article 1, paragraphe 1, de la Convention internationale sur l'élimination de toutes les formes de discrimination raciale défini l'expression « discrimination raciale » comme étant « toute distinction, exclusion, restriction ou préférence fondée sur l'origine ethnique. »
[23] -adoptée le 26 juin 1945 à San Francisco.
[24] - Kéba MBAYE, op. cit., p.79

Aussi, la Convention internationale sur l'élimination de toutes les formes de discrimination raciale[25], en tant qu'instrument international, condamne spécifiquement toutes formes de discrimination et garantit le droit de chacun à l'égalité devant la loi sans distinction de race, de couleur ou d'origine ethnique (article 1 et 5). Cette convention touche la plupart sinon toutes les situations dans lesquelles le droit à l'égalité n'est pas reconnu à des minorités ethniques ou raciales.

La Déclaration universelle des droits de l'homme adoptée le 10 décembre 1948 est également une source indirecte de protection des groupes vulnérables et plus particulièrement les minorités nationales. Au fil du temps, elle a fini par acquérir une force morale contraignante[26]. Kéba Mbaye parle à ce propos d'une acquisition de *« la dignité d'un ensemble de règles de droit coutumier général des droits de l'homme »*[27].

Dès son préambule, les rédacteurs de la Charte ont affirmé leur *« foi dans les droits fondamentaux de l'homme, dans la dignité et la valeur de la personne humaine, dans l'égalité des hommes et des femmes, ainsi que des nations, grandes ou petites »*.

Certaines de ses dispositions peuvent être également perçues comme sources indirectes de protection des minorités nationales comme c'est le cas avec son art.2 qui prévoit : *« Chacun peut se prévaloir de tous les droits et de toutes les libertés proclamés dans la présente Déclaration, sans distinction aucune, notamment de race, de couleur, de sexe, de langue, de religion, d'opinion politique ou de toute autre opinion, d'origine »*. Cet article consacre ainsi le principe d'égalité de tous et l'interdiction de la discrimination sous toutes ses formes.

Il importe également de faire état du Pacte international relatif aux droits économiques, sociaux et culturels[28]. Son article 2 contient des dispositions comparables à celles contenues dans l'article 2 du PIDCP. Les dispositions sont basées sur l'engagement des Etats de respecter les droits des individus d'une part, de les garantir et les protéger de telle manière que

---

[25] Il s'agit d'un texte non contraignant, adopté par voie de résolution par l'Assemblée Générale de l'ONU en décembre 1992.

[26] - La CIJ est allée dans ce sens lorsque dans son arrêt relatif au personnel des Etats-Unis à Téhéran en date du 24 mai 1980, elle s'est fondée sur la Charte des Nations Unies et sur la DUDH pour procéder à une condamnation de l'Iran pour violation des droits de l'homme. Elle souligne dans cette décision le caractère impératif de certaines de ces dispositions de la DUDH en considérant que : « Le fait de priver abusivement de leur liberté des êtres humains et de les soumettre dans des conditions pénibles, à une contrainte physique est manifestement incompatible avec les principes de la Charte des Nations Unies et avec les droits fondamentaux énoncés dans la Déclaration Universelle des droits de l'homme ».

[27] - Kéba MBAYE, op. cit, p.79.

[28] - A G, rés. 2200A. Doc. A/6316, 1966,993 U.N.T.S.3, entrée en vigueur le 3 janv. 1976.

tout individu puisse jouir de ces droits sans être menacé d'autre part et enfin de satisfaire certaines des revendications touchant au respect des droits de l'Homme.

Certaines minorités ont les caractéristiques d'un peuple, voire d'une nation, mais elles sont incapables de constituer un Etat indépendant. Nous estimons que ces minorités peuvent déterminer librement leur statut politique mais l'exercice de ce droit n'implique pas forcément que les groupes ethniques auxquels il fut reconnu, doivent se constituer en Etat indépendant.

La Convention de l'OIT [29] en vertu de certaines de ses dispositions ne saurait être écartée. A nos yeux, son article 2 peut servir de base à la protection des minorités : « *Il incombe aux gouvernements, avec la participation des peuples intéressés, de développer une action coordonnée et systématique en vue de protéger les droits de ces peuples et de garantir le respect de leur intégrité (...)* ».

De plus, son art.3 dispose : « *Les peuples indigènes et tribaux doivent jouir pleinement des droits de l'homme et des libertés fondamentales sans entrave ni discrimination. Les dispositions de cette convention doivent être appliquées sans discrimination aux femmes et aux hommes de ces peules (...)* ».

L'énumération de tous ces instruments vise à attirer l'attention sur le fait que la protection des minorités nationales même si elle n'est pas consacrée expressément par ces textes, demeure assurée par l'entremise du principe d'égalité de tous devant la loi et du principe de la non-discrimination. Par ailleurs, force est de préciser qu'il existe d'autres instruments qui consacrent de façon expresse la protection des groupes minoritaires.

PARAGRAPHE II - LES INSTRUMENTS A CARACTERE DIRECT

L'ONU, sous l'effet croissant des conflits relatifs aux minorités, a porté ces dernières années son attention à la discrimination importante que les personnes appartenant aux minorités nationales font l'objet.

Dans le cadre de l'ONU, la protection des minorités n'a pas réussi à se séparer du domaine de la protection des droits de l'Homme. Il ya certes une protection horizontale des droits des minorités. Il s'agit de dispositions souvent dispersées mais on efforcera de mentionner les plus piquants.

---

[29] - Convention OIT, n°169, 66ème session, entrée en vigueur le 5 sept. 1991.

Au premier chef apparaît la Déclaration universelle des droits des peuples d'Alger du 4 juillet 1967[30]. Il s'agit d'un texte qui a prévu la protection des minorités de façon incontestable. Malheureusement, elle n'en est pour rien dans la mesure où cette Déclaration n'a aucune force juridique et de ce fait est restée sans application.

Les Nations Unies ont accentué cette protection par le biais du Pacte international relatif aux droits civils et politiques[31] qui, aux termes de son article 27 précité consacre des droits au profit des minorités.

Il s'agit là d'un article qui prévoit des droits individuels pour les personnes appartenant aux minorités. Cette disposition tend à instaurer un pluralisme linguistique et culturel librement accepté à l'intérieur de l'Etat dans le respect du principe de l'intégrité territoriale.

Par ailleurs, le texte de cet article est flou ; d'où une pluralité d'interprétation qui lui est donnée. En effet, certains Etats l'interprètent de façon restrictive tandis que d'autres ont donné une interprétation assez large de sorte qu'ils y augmentent certains droits comme des droits politiques et économiques ; ou ils considèrent certains groupes qui ne constituent pas des minorités.

Vu l'ampleur de cet article, il est à préciser qu'il doit être appliqué dans chaque Etat ou existent des minorités et que le comité des droits de l'homme doit préciser son contenu.

D'autres textes mettent en avant des droits collectifs c'est-à-dire qu'ils protègent les minorités en tant que groupe.

La convention pour la prévention et la répression du crime de génocide du 9 décembre 1948[32] en est une illustration parfaite. Son art.5 prévoit que *« Les parties contractantes s'engagent à prendre, (...), et notamment à prévoir des sanctions pénales efficaces frappant les personnes coupables de génocide ou de l'un quelconque des autres actes énumérés à l'art.3».*

De manière beaucoup plus remarquable, son art.6 énonce que : *« Les personnes accusées de génocide (...) seront traduites devant les tribunaux compétents de l'Etat sur le territoire duquel l'acte a été commis, ou devant la Cour criminelle internationale (...) ».* Il n'est dès lors pas exagéré d'affirmer que le droit des minorités est un droit à la fois collectif et individuel, l'un complétant l'autre.

---

[30] - art.19 à 21 relatifs aux droits des minorités.
[31] - conclu à New York le 16 déc. 1966.
[32] - approuvée et soumise à la ratification ou à l'adhésion par l'AG dans sa résolution 260A (III) du 9 décembre 1948.

La Déclaration sur l'élimination de toutes les formes d'intolérance et de discrimination fondées sur la religion ou la conviction demeure pertinente en matière de protection des minorités nationales.

Elle est proclamée le 25 novembre 1981 par l'Assemblée générale et marque ainsi le premier pas dans la voie difficile de l'élimination de pratiques discriminatoires et de l'intolérance concernant le droit à la liberté de religion et de conviction sous tous ses aspects. Son art 1 affirme le droit de toute personne à la liberté de pensée, de conscience et de religion, et ce droit « *implique la liberté d'avoir une religion ou n'importe quelle conviction de son choix, ainsi que la liberté de manifester sa religion ou sa conviction, individuellement ou en commun, tant en public qu'en privé, par le culte et l'accomplissement de rites, les pratiques et l'enseignement* ».

Cette liberté ne peut faire l'objet que des seules restrictions prévues par la loi et dont l'objectif est de protéger la sécurité, l'ordre public, la santé ou la morale ou les libertés et droits fondamentaux.

La Déclaration définit l'expression « intolérance et discrimination fondées sur la religion ou la conviction » comme désignant « *toute distinction, exclusion, restriction ou préférence fondées sur la religion ou la conviction ayant pour objet ou pour effet de supprimer ou de limiter la reconnaissance, la jouissance ou l'exercice des droits de l'homme et des libertés fondamentales sur une base d'égalité* ».

Son art.5 est également intéressant. En effet, son texte proclame le droit de tout enfant, en matière de religion ou de conviction, à une éducation conforme aux vœux de ses parents ou de ses tuteurs légaux.

Face à l'augmentation de la discrimination et de la violence à l'égard des minorités nombreuses à revendiquer une plus grande autonomie, les Nations Unies adoptèrent en 1992 la Déclaration des droits des personnes appartenant à des minorités nationales et ethniques, religieuses et linguistiques et entrée en vigueur le 18 décembre 1992.

Cette Déclaration constitue le premier instrument international des droits de l'Homme entièrement consacrée aux minorités mais ne revêt aucun caractère obligatoire. En vertu de son article 1, l'existence et l'identité des minorités seront protégées par les Etats sur leur territoire. Les Etats devront par ailleurs prendre toutes mesures, en particulier législatives, pour garantir la protection et assurer la promotion des droits favorables à la promotion de l'identité des minorités. Ceci implique que des membres appartenant à des minorités ne doivent être ni exclus ou déplacés du territoire dans lequel ils vivent, ni faire l'objet de politiques d'assimilation tendant à mettre en péril leur identité culturelle.

A lire de près son art.2, on peut à juste titre affirmer que ces droits sont nombreux. Il s'agit par exemple : du droit de jouir de leur propre culture, de professer et de pratiquer leur propre religion et d'utiliser leur propre langue, en privé et en public, librement et sans ingérence ni discrimination quelconque ; du droit de participer pleinement à la vie culturelle, religieuse, sociale, économique et publique ; le droit de créer et de gérer leurs propres associations…etc.

La Déclaration a également prévu leurs modalités d'exercice. Aux termes de son article 3, ces droits sont exercés aussi bien individuellement qu'en communauté, leur exercice ou non-exercice ne devant pas entraîner de désavantage pour toute personne appartenant à une minorité.

Des obligations ont été également mises à la charge des Etats. Aux termes de son art.5, la Déclaration prescrit aux Etats de prendre en compte les intérêts des minorités dans l'élaboration des programmes nationaux et des programmes de coopération et d'assistance entre Etats.

Cependant, cette Déclaration n'est pas dépourvue de limites. Non seulement c'est un document non contraignant mais aussi à la lecture de toutes ses dispositions, on se rend compte qu'elle n'a prévu aucun mécanisme spécial de mise en œuvre comme c'est le cas avec le système européen. C'est ce qui a poussé Mutoy Mubiala à affirmer qu'elle offre une protection limitée et insuffisante[33]. Par ailleurs, pour la bonne mise en œuvre de ces instruments, des organes ont été institués.

SECTION II : LES ORGANES ONUSIENS DE PROTECTION DES MINORITES AFRICAINES

Il s'agit là de mécanismes visant à assurer l'effectivité des instruments de protection des minorités africaines. Ceux-ci sont nombreux et divers. Ainsi, il conviendra d'examiner d'une part les organes non juridictionnels et, d'autre part faire étalage des organes à caractère juridictionnel institués en la matière.

---

[33]- M. MUBIALA. *La protection des minorités ethniques en Afrique*, Revue Africaine des droits de l'homme, 1993, p.37.

PARAGRAPHE I: LES ORGANES NON JURIDICTIONNELS

Il existe toute une panoplie d'organes à caractère non juridictionnel en matière de protection des droits de l'homme en général et celle des minorités en particulier. Sur cette base, nous nous efforcerons à mentionner ceux qui nous semblent être les plus adaptés dans le cadre de la protection des minorités africaines.

Cela étant, il conviendra de distinguer à coté de l'Assemblée générale, les organes quasi juridictionnels des organes relatifs aux institutions spécialisées des Nations Unies.

S'agissant de l'AG, sa pertinence réside dans l'art.13 de la Charte des Nations Unies. Le texte de cet article lui prévoit le pouvoir de provoquer des études et de faire des recommandations en vue *« de développer la coopération internationale dans les domaines économique social et culturel, et dans celui de l'éducation et de la santé publique, afin de faciliter pour tous, sans distinction de race, de sexe, de langue ou de religion, la jouissance des droits de l'homme et des libertés fondamentales »*. Son rôle en matière de protection des minorités est donc indéniable. A ce titre, elle a la faculté d'adopter des textes normatifs et les ouvrir à la signature des Etats.

Au titre des organes quasi juridictionnels, il y a l'organe politique central c'est-à-dire la Commission des droits de l'homme. Elle a été instituée par application de l'art.62 de la Charte des Nations Unies qui lui confère une compétence générale.

A ce titre, elle est compétente pour examiner à titre exemplatif des violations des droits des minorités. En la matière, elle peut se réunir si la situation l'exige comme elle l'a fait au Rwanda lors du génocide.

Mais avec l'augmentation des problèmes relatifs aux minorités nationales, la commission des droits de l'homme pour montrer son attachement au respect des droits des minorités a mis sur pied la Sous-commission de la lutte contre les mesures discriminatoires et pour la protection des minorités. Elle est le maître d'œuvre en la matière et compte 26 membres élus par la Commission des droits de l'homme sur liste présentée par les Etats membres des Nations Unies.

Une fois élus, ils sont libres et peuvent soutenir des points de vue différents de ceux de leur gouvernement. Mais dans la réalité, cela reste à désirer. Bokatola fait remarquer : *« Les membres de la Sous-commission soutiennent souvent les positions de leur gouvernement dont ils sont quelque fois fonctionnaires ou membres de délégations auprès des Nations Unies »*.[34]

---

[34] - L'Organisation des Nations Unies et la protection des minorités, Bruylant, Bruxelles, 1992, p.184.

C'est dans ce même sillage que s'inscrit cette communication écrite envoyée le 3 février 1988 au SG des Nations Unies : « (…) *La Sous-commission ne peut être créative que dans la mesure où ses membres sont véritablement des experts dans leur domaine.*

Lorsque les Etats essaient de se protéger de la Sous-commission (…), il en résulte un dangereux cercle vicieux, car les personnes ainsi désignées auront des motivations politiques en tant que membres de la Sous-commission tombent alors dans la routine politique bien connue et perdent beaucoup de leur créativité. Face à cette politisation de la Sous-commission, les Etats apportent encore plus de soin à choisir des membres à qui ils peuvent faire confiance pour protéger leurs intérêts politiques »[35].

Faut-il le préciser, par le fait même de son statut d'organe subsidiaire de la Commission, il lui est difficile d'imposer ses vues dans la mesure où ses propositions sont soumises avant d'atteindre l'Assemblée générale à l'appréciation de la Commission des droits de l'homme et du Conseil économique et social.

Celle-ci a pour rôle d'entreprendre des études, de lui adresser des recommandations relatives à la lutte contre les mesures discriminatoires et pour la protection des minorités et d'examiner les communications relatives aux droits de l'homme.

En pratique, comme tout organe de protection des droits de l'homme, ses activités se sont étendues à la protection des droits de l'homme dans tous ses aspects. A titre exemplatif, elle a procédé sur invitation du gouvernement mauritanien à une étude sur l'esclavage dans ce pays.

De surcroît, le comité des droits de l'homme institué par les articles 28 à 32 du Pacte joue un rôle remarquable en la matière.

C'est ainsi qu'à travers sa fonction relative à l'examen des communications, il a, dans l'affaire « Diergaardt c. Namibie » du 6 septembre 2000 été amené à évoquer la violation de l'art.26 du Pacte suite à la prise d'une mesure circulaire par le gouvernement namibien. Il s'est également assuré du respect des droits des minorités en examinant les rapports des Etats. En effet, lors de l'examen du rapport de l'Ethiopie, il s'est avéré que pour le respect des droits des minorités des cours d'alphabétisation sont dispensés.

Le Comité pour l'élimination de la discrimination raciale ne saurait être laissé en rade. Il a été constitué en vertu de l'art.8 de la Convention internationale sur l'élimination de toutes les formes de discrimination raciale de 18 experts élus parmi les ressortissants des Etats

---

[35] - Le Conseil des points cardinaux, organisation non gouvernementale dotée du statut consultatif auprès du Conseil écon. et soc. Nations Unies, doc. E/CN.4/1988/NGO/38, p.2.

parties compte tenu d'une répartition géographique équitable et de la représentation des différentes formes de civilisation ainsi que des principaux systèmes juridiques.

Le Comité a un triple rôle : examiner les rapports périodiques fournis par les Etats parties[36], jouer un rôle de conciliation entre les Etats parties[37], être habilité en vertu des déclarations spéciales des Etats reconnaissant expressément sa compétence à examiner après épuisement des voies de recours internes des pétitions émanant de personnes et de groupes de personnes, aux fins de répartition[38].

Ainsi, par application de l'art9 il s'est prononcé sur la situation des minorités pygmées de la République Centrafricaine de même qu'au sujet des Batwas et des Tutsis au Rwanda.

Pour terminer et sans que la liste ne soit exhaustive, on s'intéressera aux organes relatifs aux institutions spécialisées des Nations Unies tel que l'UNESCO qui attache sa foi au respect des droits des minorités. C'est ce qui ressort de la convention de l'UNESCO de 1960[39] qui se réfère en son art.5 au « *droit des minorités nationales d'exercer des activités éducatives qui leur soient propres, y compris la gestion d'écoles et, selon la politique de chaque Etat en matière d'éducation, l'emploi ou l'enseignement de leur propre langue* ».

Sa Déclaration de 2001[40] est également pertinente pour montrer son engagement en faveur des droits des minorités. Son art.4 prévoit à cet égard : « *la défense de la diversité culturelle est un impératif éthique, inséparable du respect de la dignité de la personne humaine. Elle implique l'engagement de respecter les droits de l'homme et les libertés fondamentales, en particulier les droits des personnes appartenant à des minorités (...)* ».

Avec la multiplication des atteintes aux droits des minorités, des organes juridictionnels ont été institués.

PARAGRAPHE II : LES ORGANES JURIDICTIONNELS

La protection des minorités aura constitué un moment important de l'évolution de la problématique internationale des droits de l'homme, notamment dans l'entre deux guerres européennes avec la question balkanique.

---

[36] - art.9.
[37] - art.11.
[38] - art.14.
[39] - concernant la lutte contre la discrimination dans le domaine de l'enseignement adoptée par la Conférence générale de l'UNESCO en 1960.
[40] - Déclaration universelle de l'UNESCO relative à la diversité culturelle, entrée en vigueur le 2 nov. 2001.

Depuis lors, l'ONU est sortie de son mutisme et a fait preuve de bienveillance et d'engagement suite à la crise yougoslave. Elle a ordonné la création d'une instance chargée de juger les criminels, auteurs des violations des droits des minorités.

Le TPI pour l'ex-Yougoslavie[41] effectua ainsi le premier pas après les tribunaux de Nuremberg et de Tokyo.

L'Afrique, théâtre des violations des droits de l'homme et champ de prédilection de l'impunité, n'a pas fait exception à ce phénomène. Après des massacres au Rwanda, la communauté internationale réagit par la voix du Conseil de sécurité de l'ONU, qui adopte, le 8 novembre 1994, la Résolution 955 ordonnant la création d'une Cour de justice internationale afin d'identifier et de juger les auteurs et les responsables de ces actes barbares contre les minorités tutsies.

Le TPIR fut créé et dès 1995 le siège du tribunal est établi à Arusha en Tanzanie. Il est habilité à juger les personnes présumées responsables d'actes de génocide ou d'autres violations graves du droit international humanitaire commis sur le territoire du Rwanda et les citoyens rwandais présumées responsables de tels actes ou violations commis sur le territoire d'Etats voisins entre le 1 janvier et le 31 décembre 1994.

A ce titre, il a fait preuve de hardiesse à travers la reconnaissance du crime de génocide et des crimes contre l'humanité sur la base des atteintes aux droits des minorités.

Cela se confirme par la condamnation à perpétuité de Jean Kambanda, premier ministre du gouvernement rwandais pendant le génocide qui marqua la fin de l'impunité dans le monde. François-Xavier Nsanzuwera déclare à ce propos : *« Ce fut un message sans ambiguïté : la communauté internationale, souvent incapable d'empêcher les crimes contre l'humanité, n'allait pas laisser impunis les auteurs de tels crimes »*[42].

Le constat est sans appel : le TPIR a conforté le régime rwandais en disqualifiant les idéologies de l'extrémisme hutu sur l'échiquier politique.

De même, ses travaux contribuent à la réconciliation nationale au Rwanda où l'établissement d'une paix viable et durable ne peut se réaliser sans que justice soit rendue.

---

[41] - Ce tribunal a été créé par les résolutions 808 et 827 du 27 mai 1993 du Conseil de sécurité des Nations Unies.
[42] - F. X. NSANZUWERA, *Quelles leçons tirées des deux tribunaux pénaux internationaux ?* p.8.
L'auteur est un ancien procureur de la République, Secrétaire général de la FIDH, chargé de programme à réseau de citoyens- Citizens Network. Cet article est la version légèrement modifiée d'une communication à Casablanca, le5 janvier 2001 dans le cadre du Séminaire régional sur la justice internationale, organisé par la FIDH.

L'attachement de certains Etats africains au respect des droits des minorités s'est manifesté dans le cadre de ses travaux.

Par ailleurs, ce tribunal pèche à bien des égards : vicissitudes des critères de recrutements, incompétence des enquêteurs, manque de suivi de certains dossiers...D'aucuns évoquent son retard par rapport au crime de génocide lorsque l'on sait que les témoins n'ont plus de souvenirs exacts et que les magistrats ont du mal à comprendre le contexte des faits incriminés. Simone Veil avoue son dédain à l'égard de cette instance internationale quand elle déclare que « *le travail des historiens apporterait plus que des procès tardifs* »[43].

F.X. Nsanzuwera trouve cette position exagérée, sévère : « *Je pense que la valeur d'exemplarité de la justice dans le cadre des procès de génocide et des crimes contre l'humanité doit s'inscrire dans le temps, dans l'histoire. Le caractère imprescriptible de ces crimes nous rappelle de manière permanente que leurs auteurs portent à vie la culpabilité de ces atrocités et qu'ils ne peuvent se permettre de passer tranquillement le reste de leurs jours* »[44].

Pour le Groupe d'éminentes personnalités nommées par l'Assemblée des chefs d'Etats et de gouvernements, les résultats du TPIR ne sont pas à négliger : « Tout d'abord, la toute première condamnation qu'il prononça à l'égard d'un bourgmestre local(maire), Jean-Paul Akayesce5236, l'a été pour motif de génocide, ce qui en fit le premier tribunal international à prononcer une condamnation pour le pire crime d'entre tous les crimes ; le Tribunal de Nuremberg n'avait pas le mandat de condamner pour le crime de génocide »[45].

La CPI[46] est également une juridiction internationale pertinente pour la protection des droits des minorités. Le postulat de base est qu'elle est compétente pour traiter de tout point relatif au droit international.

Dès les premières lignes de son statut, les Etats « *sont déterminés à mettre un terme à l'impunité des auteurs de ces crimes et à concourir aussi à la prévention de nouveaux. Rappelant qu'il est du devoir de chaque Etat de soumettre à sa juridiction criminelle les responsables des crimes internationaux* ».

Confirmant aux termes de l'art.1er du statut qu' : « *il est créé une cour pénale internationale en tant qu'institution permanente, qui peut exercer sa compétence à l'égard*

---

[43] - Simone VEIL. *Un passé qui ne passe pas*, Ed. Gallimard, Paris, 1996, pp.164-165.
[44] - F. X. NSANZUWERA, article précité, p.7.
[45] - point 18-18 du Rapport.
[46] - Cela tient à son objet. En effet, elle a été créée par le traité de Rome afin de poursuivre les crimes les plus odieux.

des personnes pour les crimes les plus graves ayant une portée internationale, au sens du présent statut ».

Pour preuve, le procureur de la CPI vient de lancer un mandat d'arrêt contre Omar Hassan Ahmad Al Bachir, l'actuel président soudanais pour génocide, crime contre l'humanité et crimes de guerre suite aux massacres de certaines minorités du Soudan. Cependant, cette mesure pour le moment est sans effet et n'a pas été saluée positivement par bien des gens.

De ce fait, aux yeux de certains, cette juridiction semble perdre sa crédibilité ; l'argument majeur étant sa politisation.

Il revient à la CPI de faire preuve de son utilité, voire son indispensabilité en sortant de l'emprise politique plus précisément des grandes puissances. Est-elle vraiment en mesure de le faire sinon tendrait-on à sa disparition ? L'avenir reste ouvert.

Cependant, pour prendre toute son ampleur cette protection internationale des minorités africaines doit être épaulée par des mesures adoptées dans le cadre du système régional africain.

CHAPITRE II : LA PROTECTION REGIONALE AFRICAINE DES MINORITES

D'emblée, il faut préciser que dès leur accession à la souveraineté internationale les Etats africains n'avaient d'autre soucis que de maintenir la stabilité du continent. A cet effet, ils érigèrent sous l'égide de l'OUA le respect des frontières héritées de la colonisation en un principe sacré avec l'adoption de la Résolution 16 par la conférence des chefs d'Etat et de gouvernement. On parle à cet égard du principe de l'intangibilité des frontières ou règle de l'uti possidetis juris.

Par ailleurs, les discriminations à l'égard des minorités dans bien des pays ont engendré des révoltes aboutissant ainsi à des conflits entre minorités et majorités.

Ainsi, sous la pression des Nations Unies, afin de mettre terme à ces massacres, les Etats africains ont déployé des efforts salutaires en mettant en œuvre d'une part des instruments de protection des minorités (première section) et d'autre part des organes en la matière(deuxième section).

SECTION I: LES INSTRUMENTS

A l'instar des autres continents comme l'Europe et l'Amérique, l'Afrique dispose en son sein des instruments juridiques pertinents relatifs à la protection des minorités nationales.

Le premier instrument demeure la Charte africaine. En effet ; ce texte non seulement a répondu aux exigences des instruments élaborés dans le cadre onusien mais aussi constitue le reflet des réalités africaines (paragr.1). Quant au second, il correspond aux directives périodiques accompagnant l'application de la charte africaine (paragr.2).

PARAGRAPHE II: LA CHARTE AFRICAINE DES DROITS DE L'HOMME ET DES PEUPLES

Aujourd'hui en Afrique l'instrument juridique de protection par excellence des droits de l'homme demeure sans conteste la Charte africaine[47]. De l'avis du Professeur Maurice Kamto, « *elle est l'expression d'une approche des droits de l'homme qui se veut spécifiquement africaine* »[48].

Aux yeux du Prof René Dégni-Ségui, la charte surprend par sa nature juridique[49]. Pour lui, cette charte qui doit être considérée comme une convention régionale, s'est vue conférée une nature juridique étonnante, surtout placée dans le contexte politique de l'époque, en l'occurrence le climat des années quatre-vingt[50].

Adoptée par la voie conventionnelle, elle doit avoir une force contraignante. Elle doit être loin d'une proclamation de vœux pieux.

Il s'ensuit qu'avec son entrée en vigueur, elle a fait naître à la charge des Etats parties, l'obligation d'assurer la jouissance et l'exercice des droits proclamés[51].

Pour autant, constitue-t-elle une garante des droits des minorités ?

A vrai dire, la réponse ne saurait être aisée. Jusqu'à ce jour, aucune disposition de la Charte ne prévoit de façon expresse la protection des minorités nationales. Si l'on en croit Silvestre Honore Nnanga, les atermoiements voire le silence entretenu autour de

---

[47] - Adoptée par la dix-huitième Conférence des chefs d'Etats et de gouvernement, 27 juin 1981, Nairobi, Kenya, entrée en vigueur le 21 octobre 1986.
[48] - Maurice KAMTO. *Pouvoir et droit en Afrique*. Paris : LGDJ, 1987, p.19.
[49] - R. Dégni-SEGUI, *Les droits de l'homme en Afrique noire francophone : Théories et réalités*, 2ᵉᵐᵉ éd., Abidjan, Ed. CEDA, avril 2001, p.32.
[50] - Ibid, p.32.
[51] Ibid, p.32.

l'expression « minorité » peut nous amener à conclure à un rejet pur et simple d'une telle considération[52].

Seulement, l'interprétation du concept « peuple » véhiculé dans la Charte peut nous amener à avancer une réponse positive. En effet, pour paraphraser Mutoy Mubiala les rédacteurs de ce texte en particulier le juge Kéba Mbaye, ont toujours soutenu que la notion de peuple ne correspond pas nécessairement avec celle de l'Etat- nation[53].

Cela sous-entend qu'en dessous de l'entité étatique existeraient d'autres groupements à considérer comme des peuples. Par suite, ces groupements et notamment les minorités peuvent se prévaloir des droits octroyés aux peuples par la Charte.

Dès son préambule, les rédacteurs de la charte laissent entrevoir l'idée de protection des minorités lorsqu'ils se réfèrent à la charte de l'OUA aux termes de laquelle, « *la liberté, l'égalité, la justice et la dignité sont des objectifs essentiels à la réalisation des aspirations légitimes des peuples africains* ».

Une telle idée se trouve être matérialisée dans l'art.2 de la charte africaine qui dispose : « *Toute personne a droit à la jouissance des droits et libertés reconnus et garantis dans la présente charte sans distinction aucune, notamment de race, d'ethnie, de couleur, de sexe, de langue, de religion, d'opinion politique ou de toute autre opinion, d'origine nationale ou sociale, de fortune, de naissance ou de toute autre situation* ».

Certaines de ses dispositions s'inscrivent également dans la même mouvance. Ainsi conformément à l'art.20, qui dispose : « *Tout peuple a droit à l'existence. Tout peuple a un droit imprescriptible et inaliénable à l'autodétermination. Il détermine librement son statut politique et assure son développement économique et social selon la voie qu'il a librement choisi (...)* ». Les minorités peuvent se prévaloir du droit à l'autodétermination ; telle a du reste toujours été, dans la pratique, leur attitude, du moins au début de l'expression de leurs revendications.

Mais elles se sont heurtées au principe sacro-saint de l'intégrité territoriale des Etats et de son corollaire, l'intangibilité des frontières héritées de la colonisation.

De la même manière, en vertu de l'art.19 les minorités ont droit à l'égalité donc à la non discrimination. En pareille occurrence, il s'agit d'une règle qui vise à prohiber toute domination d'un groupe sur un autre.

---

[52]- Ibid, p.172.
[53]- Ibid., p.33.

Force est cependant de préciser qu'en faveur des minorités, des discriminations positives doivent être aménagées dans la mesure où d'une part, en droit international le principe des discriminations positives est perçu comme la condition nécessaire d'un droit des minorités. D'autre part, la notion de discrimination positive implique une certaine conception de l'égalité, dans laquelle cette dernière ne se confond pas avec l'uniformité, puisque ces discriminations consistent à instituer des statuts dérogatoires au droit commun.

Enfin, les minorités ont le droit de participer à la direction des affaires publiques de leur pays. C'est ce qui ressort des dispositions de l'article13 de la Charte Africaine des Droits de l'Homme et des Peuples: « *Tous les citoyens ont le droit de participer librement à la direction des affaires publiques de leur pays, soit directement, soit par l'intermédiaire de représentants librement choisis, ce, conformément aux règles édictées par la loi.*

Tous les citoyens ont également le droit d'accéder aux fonctions publiques de leurs pays.

Toute personne a droit d'user des biens et services publics dans la stricte égalité de tous devant la loi ».

A cet égard, deux procédés ont été institués par le constituant continental. Il s'agit d'une part d'un procédé direct et, d'autre part d'un procédé indirect par le canal des représentants librement choisis. Ce droit est le plus souvent revendiqué ; ce qui nous parait être une évidence puisque dans la plupart des pays du continent les minorités sont écartées du pouvoir politique et de l'Administration des affaires publiques. A ce phénomène, le Professeur Asbjorn Eide fait remarquer : « *En participant à tous les aspects de la vie publique du pays, (les minorités) peuvent à la fois maîtriser leur propre destin et contribuer à l'évolution politique de la société dans son ensemble* »[54]. Dans son « appel aux peuples d'Afrique », le document du Nouveau Partenariat pour le Développement de l'Afrique adopté en 2001, fait savoir que l'Afrique est un « continent dont le cours du développement a été marqué par de faux départs et des échecs ». Sans conteste, les minorités veulent un nouveau départ et à en croire Samia Slimane « *un premier pas serait de reconnaître leur droit à participer pleinement et effectivement au progrès économique et au développement de leur*

---

[54] - Asbjorn EIDE. *Commentaire sur la Déclaration sur les droits des minorités nationales, ethniques, religieuses ou linguistiques*. ECN./Sub.2/.
AC./200/2,par.35.

pays (...) »[55]. L'approche des droits des minorités est également reflétée dans les directives générales.

PARAGRAPHE II: LES DIRECTIVES GENERALES

Il s'agit des directives relatives aux rapports périodiques nationaux qui mettent l'accent sur un certain nombre de conditions pour la mise en œuvre des dispositions de la Charte. S'agissant ainsi par exemple de l'application de l'art.19, elles prescrivent que les Etats donnent des informations sur le « cadre et statutaire qui visent à protéger les différentes catégories de la communauté nationale, et indiquent « les précautions prévues pour freiner la tendance de certains peuples à en dominer d'autres ».

Ainsi en 1993, lors de la considération du rapport étatique du Ghana, la notion de peuple consacrée par l'art.19 a été interprétée par l'ambassadeur de ce pays comme faisant référence à la domination d'un groupe ethnique.

Si l'on s'inscrit dans une dynamique de comparaison, on peut à juste titre postuler que les directives concernant l'application de l'art.20 sont aussi spectaculaires que celles relatives à la mise en œuvre de l'art.19. En effet, elles disposent que les Etats prennent des mesures pour que « *toutes les communautés aient le droit de participer librement et pleinement aux activités politiques et économiques de leurs pays* ».

Contrairement à ces dernières, d'autres directives insistent à ce que les Etats donnent des informations sur « les mesures et programmes destinés à promouvoir une prise de conscience de l'héritage culturel des groupes ethniques nationaux, des minorités, et des secteurs autochtones de la population ».

Le droit à l'éducation n'a pas, à l'instar des autres droits susmentionnés échappé à la règle. Les directives y afférentes attirent des Etats sur leur obligation d'informer sur « la promotion de la compréhension, de la tolérance et de l'amitié entre toutes les nations et tous les groupes raciaux, ethniques ou religieux » et sur les mesures prises pour des groupes spécifiques, notamment « les enfants appartenant à des minorités linguistiques, raciales, religieuses ou autres (…) ».

A la suite de ces analyses, un constat s'impose : en Afrique, il n'y a pas une protection spéciale des minorités. Ce qui nous parait inconcevable car comme le soutient

---

[55] - Samia SLIMANE. *Reconnaître l'existence des Minorités en Afrique.* Minority Rights international 2003, publié en mai 2003.

Mutoy Mubiala « *cette protection trop générale n'est d'aucune utilité dans la mesure où l'expérience et la réalité prouvent que les minorités ont besoin d'une protection spéciale (...)* »[56].

Cependant, à coté de ces documents, des organes existent dont la finalité est d'assurer leur respect.

SECTION II : LES ORGANES AFRICAINS DE PROTECTION DES MINORITES

Conscients de l'ampleur de la violation des droits de l'homme en général et celle des droits des minorités en particulier, les Etats africains ont fait accompagner les instruments d'organes divers afin que leur attachement au respect des droits de l'homme lato sensu ne soit un vœu pieux, une vue de l'esprit.

Sur cette base, ils ont sous l'égide de l'OUA mis sur pied la CADHP par application de l'art.30 de la Charte et qui a demeuré pendant très longtemps la seule instance de protection des droits de l'homme y compris les minorités nationales africaines. De là, une remarque a été faite : à la différence des conventions européenne et américaine, la Charte africaine n'a pas institué une Cour des droits de l'homme. Mais aujourd'hui, ce constat n'a qu'un intérêt historique au seul motif que l'Afrique dispose d'un organe juridictionnel relatif à la protection des droits de l'homme dénommé « la Cour Africaine des Droits de l'Homme et des Peuples ».

Ainsi, il importera d'analyser dans le premier paragraphe la Commission africaine des droits de l'homme et des peuples et, dans un second paragraphe la Cour africaine.

PARAGRAPHE I : LA COMMISSION AFRICAINE : UN ORGANE NON JURIDICTIONNEL DE PROTECTION DES DROITS DES MINORITES AFRICAINES

Il apparaît opportun de rappeler que la Commission africaine est une institution de l'OUA devenue l'actuelle U.A. C'est l'art.30 de la Charte qui l'a consacré : « Il est créé auprès de l'Organisation de l'Unité Africaine une commission africaine des Droits de l'Homme et des peuples ci-dessous dénommée « la commission », chargée de promouvoir les droits de l'homme et des peuples et d'assurer leur protection en Afrique ».

---

[56] - Ibid, p.34.

En vertu de la Charte, la Commission est chargée de superviser et de surveiller l'ensemble des droits, y compris les droits économiques, sociaux et culturels, ainsi que les droits des groupes. A ce titre, elle est composée par les « Sages d'Afrique ». C'est ce qui ressort des dispositions de l'art.31 : « *La commission se compose de onze membres qui doivent être choisis parmi les personnalités africaines jouissant de la plus haute considération, connues pour leur haute moralité, leur intégrité et leur impartialité et possédant une compétence en matière de droits de l'homme et des peuples, (...) ».* Ces commissaires sont aidés dans leurs missions par des organes subsidiaires[57] à savoir d'une part des comités ou « groupes de travail » et, d'autre part des sous- commissions d'experts.

La Commission dispose d'une compétence territoriale dont aucune limitation n'a été apportée par la charte. Elle exerce trois fonctions dont celle relative à la protection des droits de l'homme à laquelle nous nous intéresserons. A propos, l'art.45 dispose : « La commission a pour mission notamment de :

-Assurer la protection des droits de l'homme et des peuples dans les conditions fixées par la présente charte (…) ».

L'une des plus importantes fonctions de la commission en matière de protection demeure l'examen des communications/plaintes qui lui sont soumises[58].

Dans le cadre de la protection des droits des minorités, son rôle est déterminant et cela apparaît clairement dans sa jurisprudence. La Commission pour mémoire, n'hésite pas à considérer la notion de peuple comme désignant des minorités nationales.

Ainsi, en 1992 un cas portant sur la reconnaissance de l'indépendance du Katanga, a été soumis à la commission par le congrès du peuple katangais. Dans cette affaire, la commission a adopté une approche dynamique du droit à l'autodétermination prévu à l'art.20 conjointement avec le droit à l'existence pour considérer les katangais comme un peuple au sens d'un groupe au sein de l'Etat zaïrois.

Elle a ensuite à travers sa décision déterminé le droit à l'autodétermination que le peuple katangais pouvait exercer à l'intérieur des frontières territoriales, et proposé les formes suivantes : « indépendance, autogouvernement, gouvernement local, fédéralisme,

---

[57] - Voir art.28 et 29 du règlement intérieur de la Commission.
[58] - Sur cette base, elle reçoit des communications émanant des Etats parties, ONG ayant le statut d'observateur auprès de la Commission ou individus concernant les violations des droits de l'homme commises par un Etat partie (art.47 et 55 de la Charte).

confédéralisme, unitarisme ou toute autre forme de relations conformes aux aspirations du peuple ».

La Commission a également souligné : « *En l'absence de preuve tangible à l'appui des violations des droits de l'homme à tel point qu'il faille mettre en cause l'intégrité territoriale du Zaïre et en l'absence de toute preuve attestant le refus au peuple katangais du droit de participer à la direction des affaires publiques conformément à l'art.13 de la Charte Africaine, la Commission maintient que le Katanga est tenu d'user d'une forme d'autodétermination qui soit compatible avec la souveraineté et l'intégrité du Zaïre* ».

La commission a de surcroît considéré lors de l'examen de l'allégation de pratiques discriminatoires exercées à l'encontre de certaines parties de la population mauritanienne que : « Au cœur des abus allégués dans les différentes communications, se trouve la question de la domination d'une frange de la population par une autre. La discrimination qui s'ensuit contre les négro-mauritaniens résulterait (...) de la négation du principe fondamental de l'égalité des peuples énoncé dans la Charte et constituerait une violation de son art.19 »[59].

De manière toute aussi significative, la Commission prenant considération de l'art.2 de la Charte a, appliqué le droit à la non discrimination conjointement avec le droit à une égalité de traitement devant la loi de manière à protéger les droits linguistiques et religieux. La Commission s'est référée à la Déclaration sur les minorités des Nations Unies lorsqu'elle a considéré que : « *La langue fait partie intégrante de la structure de la culture, elle en constitue en fait le support et le moyen d'expression par excellence. Son utilisation enrichit l'individu et lui permet de prendre une part active dans sa communauté et dans les activités de celle-ci. Priver un individu de cette participation équivaut à le priver de son identité* »[60].

Dans le même ordre d'idées, elle a considéré le droit à la religion en relation avec le droit à la non discrimination. Par ailleurs, elle a encore une fois adopté une approche dynamique à l'endroit des minorités s'agissant de l'application de l'art.17 sur le droit de prendre librement part à la vie culturelle de la communauté.

---

[59] -21 Communications 51/91, 61/91, 98/93, 164/97 à 196/97 et 210/98, Malawi African Association; Amnesty International; Sarr Diop, Union Interafricaine des Droits de l'Homme et RADDHO; Collectif des Veuves et Ayants droits; Association Mauritanienne des Droits de l'Homme v. Mauritanie, Treizième Rapport Annuel d'Activités de la Commission Africaine des Droits de l'Homme et des Peuples, 1999–2000, AHG/222 (XXXVI), Annexe V, par. 142.
[60] -26 Communications 51/91, 61/91, 98/93, 164/97 à 196/97 et 210/98, Malawi African Association etc. v Mauritania, op. Cit, Annexe V, para. 137.

Plus récemment en 2001, la commission s'est référée à l'art.24 de la Charte qui dispose : « *Tous les peuples ont droit à un environnement satisfaisant et global propice à leur développement* » comme trouvant à s'appliquer à la communauté Ogoni du Nigeria.

A ce jour, la Commission a qualifié les Ogoni dans ses décisions tantôt d'un « peuple »[61], tantôt de « communauté »[62] et d'une « société ». Tel est l'état de la protection des droits des minorités dans la jurisprudence de la Commission africaine. Par ailleurs, cette fonction de protection de la Commission est sujette à caution sinon problématique ; ceci à divers niveaux.

En effet bien qu'intéressantes, les décisions de la Commission sont dépourvues de force contraignante et de facto non appliquées par les Etats condamnés. En lieu et place, elle privilégie un règlement des conflits à l'amiable pour ne pas restreindre la souveraineté des Etats.

De même, financièrement la Commission reste à la merci de l'UA. Cette dernière assure la fourniture du personnel et les moyens et services pour assurer l'effectivité de ses attributions[63]. Le budget qui lui est le plus alloué, demeure minime par rapport à ses objectifs ; d'où un nombre insuffisant d'enquêtes de terrain menées par les commissaires. Enfin, l'indépendance des commissaires est inquiétante puisque les candidatures sont présentées par les gouvernants[64].

Pour pallier ses insuffisances, l'option dominante a été la création d'un organe juridictionnel en l'occurrence la Cour africaine.

---

[61] - 22 Se reporter aux Communications 137/94, 139/94, 154/96 et 161/97 International Pen, Constitutional Rights Project, Interights on behalf of Ken Saro-Wiwa Jr and Civil Liberties Organization v. Nigeria, 24ème session ordinaire, Banjul, octobre 1998, par. 110.

[62] - 23 Dans l'affaire Social and Economic Rights Action Center and the Center for Economic and Social Rights v. Nigeria, la Commission s'est référée à l'Article 21 relatif aux droits des peuples à disposer librement de leurs richesses et de leurs ressources naturelles pour décider que 'dans leur négociations avec les consortiums pétroliers, le gouvernement n'avait pas impliqué les communautés Ogoni dans les décisions qui ont affecté Ogoniland' (par. 55). La Commission a également noté que 'La survie des Ogoni dépendait de leurs terres et fermes [....] Ces brutalités et d'autres brutalités similaires ont non seulement persécuté les individus dans Ogoniland, mais aussi la communauté Ogoni dans son ensemble. Elles ont affecté la vie de la société Ogoni dans son ensemble.' (Par. 67, Communication 155/96, 30ème session ordinaire, Banjul, Gambie, octobre 2001).

[63] - Aux termes de l'art.41 : « Le Secrétaire Général de l'OUA désigne un secrétaire de la Commission et fournit en outre le personnel et les moyens et services nécessaires à l'exercice effectif des fonctions attribuées à la Commission. L'OUA prend à sa charge le coût de ce personnel et de ces moyens et services ».

[64] - V. art.34 de la Charte africaine.

PARAGRAPHE II : LA COUR AFRICAINE : UN ORGANE JURIDICTIONNEL DE PROTECTION DES MINORITES AFRICAINES

Pour précision, l'idée de création d'une Cour africaine des droits de l'homme n'est pas récente. Elle remonte au moment de l'élaboration de la Charte africaine mais jugée inutile.

Deux tendances se sont dégagées : l'une minoritaire, favorable à l'idée, l'autre majoritaire, hostile, préférant les traditions juridiques africaines dans le souci de ne pas restreindre leur souveraineté.

Depuis le 25 juin 2004[65], le système régional africain a égalé ses homologues européen et américain. Fabienne Quilleré-Majoub a pu affirmer que « *dans le système africain, la Cour africaine est une création « après-coup » et marque l'abandon de la « spécificité » prônée par les tenants de l'arbre à palabres* »[66].

Si la Cour africaine est un organe conventionnel au sein de l'UA qui a entériné le Protocole y afférent et ayant la charge de sa finance, elle ne fait pas partie pour autant des organes de l'UA prévus à l'art.5 de son Acte constitutif. A nos yeux, la Cour africaine serait déterminante dans le cadre de la protection des minorités nationales et ceci à divers égards.

Ce nouveau système institué s'inscrit dans la logique de remédier aux lacunes de la Charte. Selon l'art.2 du protocole de la Cour, « *la Cour, tenant dûment compte des dispositions du présent Protocole, complète les fonctions de protection que la Charte africaine des droits de l'Homme et des peuples (ci-après dénommée : Charte) a conféré à la Commission africaine des droits de l'Homme et des peuples (ci-après dénommée Commission)* ». En ce moment propice aux atteintes des droits des minorités, le principe est que la Cour africaine est juge des droits de l'homme.

A ce titre, elle est compétente en cas de violation de tout instrument relatif aux droits des minorités qu'il soit propre au système africain ou international plus particulièrement onusien. Il en est ainsi par exemple de la Charte africaine des droits de l'homme et des peuples, de la convention sur la prévention et la répression du génocide, du Pacte international

---

[65] - Date d'entrée en vigueur du Protocole signé en juin 1998 à la Conférence des chefs d'Etats et de gouvernement créant la Cour africaine des droits de l'homme et des peuples.
[66] - F. Quilleré-MAJOUB. *L'option juridictionnelle de la protection des droits de l'homme en Afrique - Etude comparée autour de la création de la Cour africaine des droits de l'homme et des peuples*. Revue trimestrielle des droits de l'homme, 2000, p.731.

relatif aux droits civils et politiques... Tel est le sens de l'art.3 du protocole : « la Cour a compétence pour connaître de toutes les affaires et de tous les différends dont elle est saisie concernant l'interprétation et l'application de la Charte, du présent protocole, et de tout autre instrument pertinent relatif aux droits de l'homme et ratifié par les Etats concernés ».

A cet égard, elle peut être saisie par la commission africaine, les ONG et les individus. Son protocole a franchi le rubicon en ouvrant droit de cité aux organisations intergouvernementales africaines de la saisir[67]. C'est là d'ailleurs, l'une des spécificités de la Cour par rapport à ses homologues.

La Cour se compose de onze juges tout comme la Commission. Ces juges ne peuvent être présentés que par des Etats parties au protocole de la Charte africaine. Pour pouvoir être proposé à l'élection des juges, il faut être un juriste reconnu tant pour ses compétences en matière de droits de l'homme que pour ses hautes qualités morales[68].

Aux termes des art.17 et 19 du Protocole, les juges de la Cour bénéficient d'une indépendance. Pendant la durée de leur mandat, ils jouissent de privilèges et immunités reconnus en droit international au personnel diplomatique.

Dans le même ordre d'idées, un principe a été érigé à savoir l'incompatibilité des fonctions de juge de la Cour avec toutes autres activités de nature à porter atteinte aux exigences d'impartialité liées à leur fonction. Aussi, en vertu de l'art.22 du Protocole, un juge ne siègera pas dans une affaire impliquant l'Etat dont il est ressortissant.

Cependant, cette impartialité reste ambiguë sinon un trompe-l'œil. Comme le souligne Majoub : « la théorie de « l'apparence » (…) ne doit pas être écartée pour autant »[69]. Pour preuve, il est fait interdiction d'avoir plus d'un juge de la même nationalité[70] ou encore la nécessité que les divers systèmes régionaux en place ont éprouvé en énonçant des solutions pour permettre le respect de l'équilibre de la représentation nationale des Etats concernés dans le cadre des recours contentieux.

Enfin et contrairement à la commission, la Cour rend des arrêts[71] dont l'exécution est obligatoire mais volontaire. Aucune mesure de contrainte n'est prévue pour le moment dans le Protocole.

Dès lors, à l'instar de la Cour Européenne des Droits de l'Homme qui donne même sa conception de la démocratie : « *La démocratie ne se ramène pas à la suprématie constante*

---

[67] - art.5 du Protocole créant la Cour africaine.
[68] - art.11 du protocole précité
[69] - Ibid., p.733.
[70] - art.11-2.
[71] - art.28 du protocole précité.

de l'opinion d'une majorité : elle commande un équilibre qui assure aux minorités un juste traitement et évite tout abus de position dominante »[72], la Cour africaine doit assurer la protection des droits des minorités nationales conformément aux exigences de la démocratie. Par ailleurs, faut-il le noter l'effectivité de cette protection dépend très largement de l'état des législations nationales c'est-à-dire du régime de protection des minorités dans le cadre du droit interne des Etats africains. Cependant, depuis la mise en place de cette cour, elle n'a pas rendu de décision concernant la situation des minorités. Sur ce point précis, on peut douter de son importance. Ainsi, comme le soutient le Prof A. D. Olinga : *« Pour que les mécanismes internationaux puissent effectivement être utiles, il faudrait construire un double étage de la normalité (interne et international) »*[73].

---

[72] - Arrêt du 13 août 1981(affaire Young, James et Webster).
[73] - A. D. OLINGA, op. Cit, p.8.

DEUXIÈME PARTIE

L'EXISTENCE D'UN REGIME DE PROTECTION NATIONALE DES MINORITES DANS LE SYSTEME AFRICAIN DES DROITS DE L'HOMME

L'importance de la protection internationale des minorités dans le système africain des droits de l'homme n'est pas à nier. Toutefois, elle risque de perdre sa portée si elle n'est pas accompagnée d'une protection au sein des Etats c'est-à-dire d'une protection nationale.

Comme le rappelle le Préambule de la Déclaration Universelle de 1948, c'est l'institution d'un régime de droit sur le plan national qui est la meilleure garantie des droits fondamentaux et donc des droits des minorités. En d'autres termes, si les systèmes juridiques nationaux ne deviennent pas performants en la matière, en vain s'échinera-t-on à sophistiquer les rouages internationaux.

Comme réponse à ces considérations, les Etats africains ont inséré dans leurs corpus juridiques la protection des droits de l'homme en général et celle des minorités en particulier. A cet égard, deux solutions ont été adoptées : d'une part, la protection institutionnelle (chapitre 1) et d'autre part la protection des minorités par l'entremise des droits de la personne (chapitre 2).

CHAPITRE I : LA PROTECTION INSTITUTIONNELLE DES MINORITES AFRICAINES

Dans la plupart des pays africains confrontés aux problèmes minoritaires, des techniques ont été adoptées sur le plan institutionnel afin de répondre aux aspirations de leurs minorités. L'objectif est de leur permettre de participer au développement économique, politique et social de leurs pays.

Des méthodes ont été instituées à deux niveaux : d'une part au niveau des institutions nationales (section 1) et, d'autre part au niveau des institutions locales (section 2).

SECTION I : AU NIVEAU DES INSTITUTIONS NATIONALES

A ce niveau, l'idée est d'assurer une participation significative des minorités aux processus décisionnels emportant l'ensemble de la communauté nationale telle que prévue par les instruments internationaux.

A cet égard, des procédés ont été mis en exergue : d'aucuns sont relatifs à leur participation directe à la prise de certaines décisions (paragr.2) alors que certaines visent à assurer leur représentation au niveau des instances décisionnelles (paragr.1).

PARAGRAPHE I : LES PROCEDES RELATIFS A LA REPRESENTATION DES MINORITES AU SEIN DES INSTANCES DELIBERATIVES

Ils résultent du système représentatif. Rousseau considérait que la démocratie directe ne restait envisageable que dans une société de taille minime, le grand nombre ne pouvant plus permettre la délibération commune : « *On ne peut imaginer que le peuple reste incessamment assemblé pour vaquer aux affaires publiques (...)* »[74]. Le système représentatif est alors justifié dans cette hypothèse.

George Burdeau ajoute : « (…) il est clair qu'une décision souveraine, et au premier chef la loi, ne peut être valable sans que chacun ait opiné personnellement à son sujet. Seulement, en fait, pareille solution est impraticable, ne serait-ce qu'à cause de l'impossibilité de mobiliser le peuple en permanence et de le réunir tout entier en un même lieu pour l'appeler à délibérer (…). Si la démocratie directe est irréalisable dans toute sa pureté, il est parfaitement possible d'associer les institutions qui s'en inspirent au fonctionnement d'un régime représentatif »[75].

De ces deux assertions, on peut fonder le système de représentation des minorités au sein des instances décisionnelles puisqu'il fait partie intégrante des aspirations de la démocratie.

Ces procédés de représentation des minorités nationales sont donc des techniques répondant aux exigences du bon fonctionnement des Etats pluralistes et des normes et valeurs de la démocratie. La meilleure défense des droits des minorités implique à notre avis deux importances notoires : d'une part **la sensibilisation des groupes majoritaires** et, d'autre part **l'ouverture en direction des minorités**.

Les causes minoritaires sont beaucoup prises en considération lorsque les représentants des minorités ont véritablement accès à la sphère politique, à la vie publique et aux lieux de décision.

L'expérience ou plutôt l'analyse des législations nationales africaines montre un certain nombre de techniques: l'obligation d'une majorité qualifiée pour les amendements constitutionnels, le bicaméralisme, la représentation proportionnelle.

Ainsi, en Ethiopie et plus précisément au niveau fédéral, le principe demeure la représentation proportionnelle. Le Parlement fédéral comprend les représentants de la

---

[74] - J. J. ROUSSEAU, Du contrat social, Livre III, Chap. IV.
[75] - G. BURDEAU, Démocratie, Encyclopédie Universalis.

chambre des peuples, constituée en législature fédérale, et la chambre de la fédération qui regroupe les représentants des nations, des nationalités et peuples, lesquels ne correspondent pas aux Etats membres reconnus.

Au Nigeria également, l'exégèse révèle que les groupes minoritaires ne sont pas laissés en rade dans le cadre de la représentation au sein des instances délibératives. Pour preuve, il y est prévu que la composition du gouvernement des différents échelons de la fédération et l'orientation de leurs politiques « *seront mis en œuvre de telle manière qu'il n'y aura prédominance des personnes issues d'un petit nombre d'Etats ou de petits groupes ethniques ou factieux au sein du gouvernement ou de ses agences* »[76].

Au sein des Etats unitaires, la tendance est la même. Au Cameroun par exemple du fait des problèmes minoritaires qui y sévissent, des lois ont été adoptées dans ce sens. Il en est ainsi de l'art.5 al.4 de la loi n°91/020 du 16 décembre 1991 fixant les conditions d'élection des députés à l'assemblée nationale qui dispose à ce propos que : « *La constitution de chaque liste doit tenir compte des différentes composantes sociologiques de la circonscription* ».

Quant au Sénégal, le nombre des parlementaires varie selon les collectivités locales. L'explication réside dans le fait que les problèmes minoritaires ne sont pas aussi développés dans cet Etat. Dans cette mesure, l'actuelle Constitution attribue au Sénat une fonction de représentation spécifique puisqu'elle dispose qu'il assure la représentation des collectivités locales de la République et des sénégalais établis hors du Sénégal.

C'est le concept de démocratie associative qui fonde ces droits politiques, car l'exercice de la démocratie majoritaire suppose une totale égalité entre les citoyens et ne reconnait que les citoyens pris individuellement dans leurs relations avec l'Etat. Par définition la démocratie exclut les facteurs d'ordre culturel, ethnique ou religieux et elle est même utilisée en tant que facteur d'assimilation des minorités et d'uniformisation de la société politique.

L'importance accordée à ces procédés de représentation des minorités africaines n'est pas à nier. En effet, la participation des minorités aux instances décisionnelles est la preuve que les personnes appartenant aux minorités peuvent présenter leur candidature en ayant une véritable chance d'être élues et peuvent avoir ainsi la possibilité de faire entendre leur voix au sein des instances politiques au niveau national.

Par ailleurs, s'il est vrai que l'élection au Parlement d'un membre de sa propre communauté n'est pas une fin en soi et n'est pas toujours une garantie incontestable, c'est en

---

[76]- Makita- Kass KASONGO, Fédéralismes africains : l'idée fédérale dans l'Afrique des turbulences politico-ethniques, Revue internationale de politique comparée 2003.

tout cas un début. Force est de préciser que ces représentants doivent pouvoir jouer un rôle remarquable afin d'assurer un meilleur traitement des minorités. Il semble que ces mécanismes constituent un moyen d'éliminer sinon d'atténuer la discrimination, voire la frustration. Il existe donc un lien entre la présence des minorités dans les instances décisionnelles et le respect par un pays des droits des minorités.

Toutefois, il n'est pas rare que les parlementaires issus des minorités soient les fers de lance de la défense des minorités et des droits de l'homme.

Cependant, ce système de représentation des minorités comme tout système représentatif, aboutit à une ambiguïté manifeste. En effet, nul n'est mieux placé que lui-même pour se prononcer sur les choix de société qui lui sont soumis. L'intervention d'un deuxième homme qui parlerait pour deux engendre déjà une « infidélité » de l'opinion du premier. Il est invraisemblable de soutenir la similarité totale de deux hommes.

Cela se confirme au fur et à mesure de l'augmentation du nombre de personnes représentées (minorités) par une seule d'entre elles. Rousseau dénonçait d'ailleurs cette méprise dans l'ensemble de son œuvre, et plus précisément du Contrat social[77].

Ces quelques considérations reflètent les insuffisances d'un système représentatif pour la protection des groupes minoritaires. Quant à l'implication directe des minorités dans les processus décisionnels, elle est assurée par le référendum.

PARAGRAPHE II : LE REFERENDUM : UN MECANISME ASSURANT LA PARTICIPATION DIRECTE DES MINORITES DANS LES PROCESSUS DECISIONNELS.

Selon Nicolas Schmitt, le référendum est la possibilité donnée à tous les citoyens de voter sur la création, la modification ou l'abrogation d'une loi[78].

A ce titre, il représente un potentiel important dans le cadre du bon fonctionnement du système représentatif de protection des minorités nationales, dans la mesure où il garantit une faculté d'avoir recours aux minorités elles-mêmes, pour certains arbitrages.

En d'autres termes, le législateur ne saurait prendre des décisions arbitraires qui pourraient créer des problèmes ou nuire aux intérêts d'une minorité. Une remarque a pu être

---

[77] - J. J. ROUSSEAU, Du contrat social, Livre III, chap. XV.
[78] - Nicolas SCHMITT, Protection des minorités, fédéralisme et démocratie de concordance : tout est lié, p.21.

faite : les mesures adoptées à l'issu de ces procédures ne sauraient être contestées. Sur cette base, toutes les questions constitutionnelles peuvent être soumises au référendum.

Par ailleurs, la démocratie semi directe telle qu'elle est aménagée par bien des constitutions africaines, n'occupe qu'un espace restreint dans la pratique institutionnelle.

De la même manière, que ce soit le référendum ou les autres mécanismes institutionnels autres que territoriaux, la principale critique qui leur est avancée est le fait qu'ils peuvent créer des lenteurs, voire des impasses.

Un autre problème lié à ces institutions est le fait que, si elles sont créées pour les minorités, il faut que ces dernières les utilisent. Or, en général ce sont plutôt les groupes de pression qui en font usage. Schmitt a pu constater que : *« L'institutionnalisation de solutions de protection des minorités ne peut être utile que si les minorités elles-mêmes se prennent en main »*[79].

Un dernier problème réside dans le fait que la voie de démocratie semi directe reste, en l'occurrence, accessoire, et ne permet, telle qu'elle se pratique qu'une trop relative participation minoritaire. C'est ce qui justifierait leur protection au niveau des institutions locales.

SECTION II : AU NIVEAU DES INSTITUTIONS LOCALES

En pareille occurrence, il s'agit de permettre aux minorités d'exercer une autonomie dans un cadre territorial « infra étatique ».

Il s'agit là des solutions positives territoriales. Ces aménagements sont faits en tenant compte de la répartition ethnique, religieuse et culturelle de la population afin de permettre aux minorités de prendre en main leur survie et leur destinée sous réserve d'un certain nombre de conditions préétablies par le pouvoir central.

Souvent, ces aménagements à base territoriale s'articulent autour de deux procédés à savoir d'une part le fédéralisme (paragr.1) et, d'autre part la décentralisation ou la régionalisation (paragr.2).

---

[79] - Ibid, p.20.

PARAGRAPHE I : LE FEDERALISME : UN MOYEN DE PROTECTION DES MINORITES DANS LE SYSTEME AFRICAIN DES DROITS DE L'HOMME

Un des aspects les plus importants du fédéralisme est celui de son utilisation potentielle pour accommoder la diversité tout en respectant l'unité ou vice-versa. En effet, en dépit de l'égalité politique, un risque subsiste que la majorité ne se montre tyrannique envers la minorité.

Pour ce faire, le fédéralisme reste une politique adéquate. La démocratie dans la démocratie, tel semble donc être le modèle du fédéralisme basé sur la conception que la souveraineté est divisible pour le respect de la diversité. A titre de rappel, nombreux sont les pays africains qui ont connu une phase fédérale au moment de l'accession à l'indépendance avant d'instituer un régime unitaire.

A l'heure actuelle, l'expérience montre que dans les systèmes fédéraux africains, l'adoption fédérale s'explique par le souci de régler ou d'atténuer les problèmes nés de l'hétérogénéité ethnique ou religieuse de la population et de l'existence des minorités.

En effet, le fédéralisme concilie ces deux exigences contradictoires qui le caractérisent, le désir d'union et celui de séparation à l'intérieur de l'union. Crawford Young avance comme argument fondamental en faveur du système fédéral, son adéquation non seulement aux grands pays culturellement complexes tels l'Australie, le Canada et les Etats Unies mais aussi aux sociétés extraordinairement diversifiées tels l'Inde et le Nigeria[80].

Pour y arriver, un certain nombre de critères ont été élaborés. Des auteurs comme Philipe Schmitter font part des propriétés suivantes : des entités politiques territorialement définies; la garantie constitutionnelle de l'existence et de l'autonomie de décision; l'établissement formel de la participation des entités à la prise de décision du gouvernement central sous forme d'une assemblée à deux chambres; la définition et la protection des compétences par un statut inaliénable sans consentement; le non unilatéralisme du droit de cession et de la répudiation.

Pour notre part, nous mettrons l'accent sur deux principes à savoir le principe d'autonomie et celui de participation.

L'autonomie a pour finalité d'assurer la garantie des droits des minorités ; en d'autres termes elle implique le respect de leur particularisme, de leur identité. Quant à la

---

[80] - C. YOUNG,, « Ethnic diversity and public policy : An overview », occasional Paper n8, Would Summit for Social Development, UNRISD, Geneva, p.12.

participation, elle correspond à la représentation des Etats membres au sein des institutions fédérales afin de permettre l'accroissement des groupes minoritaires, ainsi que de protéger l'égalité et les droits des Etats membres. Là réside l'une des limites du fédéralisme dans son rôle de protection des minorités nationales.

En effet, en vertu du principe d'égalité des entités fédérées, deux tendances pourraient se dégager : l'une abritant des minorités sensibles à l'autonomie et, l'autre moins séparatiste sinon centraliste. On constate là une limite du fédéralisme comme moyen de protection des minorités et leurs droits.

Toutes ces considérations sont vérifiées dans les systèmes fédéraux africains parmi lesquels le Nigeria, l'Afrique du sud, Tanzanie et l'Ethiopie.

Concernant l'Afrique du sud, son système fédéral est postérieur à l'apartheid. Il est instauré en 1994. Sur ce postulat, on constate un partage de compétences entre le pouvoir central et les provinces afin de répondre aux aspirations des groupes minoritaires. Ainsi, chaque administration locale dispose d'un domaine de compétences consistant à gérer de sa propre initiative les affaires administratives locales de la communauté sous réserve de respecter la législation nationale et provinciale.

Force est de faire remarquer que des rapports de complémentarité existent entre le pouvoir central et les provinces. A titre d'illustration, mentionnons les cas des « législations cadres » où le gouvernement fixe la norme tout en laissant aux provinces le soin de régler les détails selon les spécificités de leurs populations. L'exemple le plus patent demeure l'intervention du gouvernement central dans le versement des pensions des personnes âgées dans la province du Cap de l'est. Cette mesure met en exergue non pas la prépondérance du gouvernement central, mais plutôt sa coopération et sa solidarité avec l'instance provinciale dans un champ de compétences partagées.

Par ailleurs, il y a un débat quant au caractère fédéral de son système. Cela se confirme à travers cette assertion de Kasongo : «*sans préjuger de son devenir (...), il demeure néanmoins (...), une profonde incertitude quant au bulletin de santé fédérale du régime sud-africain post-apartheid* »[81].

Quant à l'Ethiopie, deux concepts caractérisent sa nouvelle Constitution à savoir **« fédération et droits des minorités ethniques »**. Le principe de la répartition du pouvoir repose ici sur la base des communautés ethno- territoriales, auteurs et bénéficiaires de la

---

[81] - Makita- Kass KASONGO, Fédéralismes africains : l'idée fédérale dans l'Afrique des turbulences politico ethniques, Revue internationale des politique comparée 2003(volume10) 199N 1370-0731/ISS numérique : 1782-1533/ ISBN : 2-8041-4237-X/ page 19à40.

nouvelle constitution sous l'autodétermination dans son aspect autonomie et participation selon le principe de la représentation proportionnelle au niveau régional et fédéral. Dans un tel système, des minorités semblent être protégées.

En effet, selon le principe général, les Etats membres abritant tous les pouvoirs qui ne sont pas explicitement attribués à l'Etat fédéral, avec en partie la gestion de la politique linguistique, culturelle, sanitaire, les services de police et de sécurité, les activités sociales et de développement économique. P. de Bruyne avoue son inquiétude quant à l'indépendance culturelle de la nation ou du peuple qui *« pèche par réduction de la nation à son noyau culturel, qui lui dénie tout droit à un Etat propre »*[82].

Dans la même logique, il ne serait pas exagéré de dire que ce type de fédéralisme favorise les antagonismes entre nations, le relâchement des liens entre nations et Etat fédéral ainsi que les risques de discriminations ethniques.

Concernant enfin le Nigeria, il s'agit d'un pays d'une diversité extraordinaire. Un ancien vice-président Ekwueme a pu parler de trame multiethnique, multilingue et multi religieuse de la fédération nigériane[83]. La fonction essentielle du fédéralisme dans ce pays permet donc de satisfaire les demandes d'autonomie des groupes minoritaires tout en préservant l'unité territoriale et politique du pays.

Pour illustration, il s'agit du respect d'une stricte répartition géographique et ethnique des attributions : charges publiques, commandements militaires, implantations industrielles selon les quotas précis et contraignants correspondant des rentes de situation.

Les conséquences en sont multiples, soit que le cabinet fédéral compte obligatoirement au moins un membre issu de chacun des Etats, soit qu'il faille pour être élu président ou gouverneur d'un Etat obtenir la majorité des voies dans 2/3 respectivement des Etats ou des collectivités locales.

Il n'est dès lors pas surprenant que cette répartition du pouvoir d'Etat ait en fait consacré un double processus de centralisation et de standardisation. Le premier est repérable notamment dans le gouvernement des Etats par des administrateurs militaires relevant du gouvernement militaire central, alors que le processus de standardisation culmine dans la réforme de l'administration locale en 1976, uniformisant l'ensemble de l'administration locale indépendamment de la diversité régionale ou étatique.

---

[82] - De Bruyne P., « Etats et Nations. Modes de formation et d'articulation », Revue internationale de politique comparée, Vol.1, n3, 1994, pp. 351-383.
[83] - Ekwueme A.I., « Les constitutions fédérales du Nigeria et la recherche de l'unité dans la diversité », deuxième plénière thématique sur la CDS : la diversité sociale et le fédéralisme, pp.1-9.

Parallèlement, la prolifération s'accompagne de la création dans les Etats de nouvelles minorités, prochaine source pour être rassurées, d'un nouvel Etat conduisant à des investissements budgétivores en personnel et dépenses diverses obérant les ressources nécessaires à des besoins essentiels. Telle est la fonction essentielle de ce fédéralisme qui permet de satisfaire les demandes d'autonomie des groupes minoritaires pour préserver l'unité territoriale du pays.

L'on semble dès lors comprendre que face à l'enjeu de la conquête de l'unité dans la diversité inscrite dans l'agenda officiel de la construction nationale, *« le fédéralisme est la forme de l'Etat qui permet la mieux la coexistence de conflits de coopérations entre les différents niveaux de pouvoir »*[84].

Kasongo fait remarquer que par rapport au champ africain, s'il n'est pas meilleur cas déviant de l'adéquation du fédéralisme à la démocratie que le quart de siècle de pouvoir militaire sur quarante cinq années de gestion de l'Etat postcolonial au Nigeria, force est d'observer que les processus inédits de fédéralisation mis en place en Ethiopie et en Afrique du Sud, s'inscrivent dans une quête de démocratisation du régime politique articulée à la gestion du pluralisme culturel.[85]

De ces quelques exemples, il apparaît que la position de Proudhon envers le fédéralisme reste vérifiable et pertinente. A ses yeux, *« L'idée de fédération est certainement la plus haute à laquelle se soit élevé jusqu'à nos jours le génie politique...Elle résout toutes les difficultés que soulève l'accord de la Liberté et de l'Autorité...l'opposition des principes apparaît comme la condition de l'universel équilibre »*[86]. Par ailleurs, à en croire Schmitt le seul désavantage du fédéralisme mais il est de taille, c'est sa complexité[87].

Toutefois, il importe de préciser que le système fédéral n'est pas la seule technique pouvant répondre aux aspirations des minorités ; la plupart des pays africains ayant adoptés un système unitaire décentralisé.

[84] - Philippe J., « Le fédéralisme et la question économique », Politique africaine, p.40.
[85] -Makita-Kiss KASONGO, ibid.
[86] - P. J. PROUDHON, Oeuvres complètes, Paris, M. Rivière 1959).
[87] - N. SCHMITT, op. cit. p.17.

PARAGRAPHE II : L'AUTONOMIE DECENTRALISEE : UN MOYEN DE PROTECTION DES MINORITES DANS LES ETATS UNITAIRES AFRICAINS

Elle permet de satisfaire les revendications des groupes minoritaires dans des cadres de la municipalité, du département ou de la région. Dans un Etat unitaire, elle constitue la réalisation la plus complète des demandes des minorités.

La technique de la décentralisation implique la délégation par l'Etat à l'entité autonome de certaines compétences permettant à ces minorités de s'identifier en particulier dans les domaines tels que la langue, la culture, l'enseignement, la région,... C'est ce que semble comprendre le Sénégal en adoptant la technique de la décentralisation. Sa nouvelle Constitution consacre le principe de la libre administration des collectivités locales[88]. A ce titre, on pourrait sans risque de se tromper postuler qu'elle constitue un remède efficace aux problèmes minoritaires.

Le Cameroun s'est également inscrit dans le même sens après la dislocation du régime fédéral. Aux termes de l'actuelle constitution camerounaise, le Cameroun est un Etat unitaire décentralisé[89]. Une telle option parait relever de l'évidence lorsque l'on sait la composition ethnique, religieuse et culturelle. Cette disposition résiderait dans le motif de permettre à ces minorités de se retrouver, de participer dans le processus du développement économique, social et politique. A cet égard et à titre d'illustration, l'art.57 de la nouvelle constitution camerounaise exige : « *Le conseil régional doit refléter les différentes composantes sociologiques de la région* ».

Tel est l'enseignement qu'on peut tirer de cette affaire où le requérant Ngueyong Moussa sollicite du juge administratif l'annulation d'élections municipales au motif que la liste à laquelle il est opposé ne respecte pas la composante sociologique de la région.

A la différence du Sénégal, ce qui justifie d'ailleurs son étude dans la présente, le Cameroun est allé beaucoup plus loin en consacrant de façon expresse la protection des minorités nationales. Aux termes du préambule de la norme suprême camerounaise : « *L'Etat*

---

[88] - Art.102 de la nouvelle Constitution sénégalaise : « les collectivités locales constituent le cadre institutionnel de la participation des citoyens à la gestion des affaires publiques. Elles s'administrent librement par des assemblées élues.
Leur organisation, leur composition et leur fonctionnement sont déterminés par la loi. »
[89] - Art.1 de la nouvelle Constitution camerounaise.

assure la protection des minorités et préserve les droits des populations autochtones ». Cette disposition a suscité de vives réactions de la part de certains juristes.

En effet, cette disposition paraît très audacieuse dans la mesure où même au niveau du système régional africain, il n'y est nullement prévu de façon expresse la protection des minorités. Cette protection des minorités n'est-elle pas incluse dans le principe d'égalité de tous devant la loi ?

A s'en tenir seulement au sens du principe d'égalité *lato sensu*, la positive s'impose. Ainsi que le prétend Nnanga, *« Le principe d'égalité lato sensu englobe le principe de protection des minorités; le principe de protection des minorités est donc un principe sous entendu (...). Débarrassé de tout présupposé idéologique, le principe d'égalité entraîne inéluctablement l'encadrement ou la prise en compte des minorités »*[90].

En fait, conformément aux textes internationaux, l'égalité de tous devant la loi veut dire que l'Etat entend apporter à tout groupe la protection légale nécessaire à la réalisation de son projet de vie, dans son activité par rapport à l'idéal national d'unité et d'intégration. L'égalité ne relève donc pas de l'abstraction. Elle est conçue et réalisée à partir des facteurs latents et inhérents à tout groupe et à tous rapports humains ou sociaux. L'inégalité est mise en exergue afin de polariser l'attention de toutes les populations sur un idéal-type de société.

En tout cas dans tout Etat unitaire, l'autonomie des entités est freinée par l'Etat afin de protéger ses intérêts. Ce qui est entériné par le Préambule de la nouvelle Constitution sénégalaise lorsqu'il proclame *« le principe intangible de l'intégrité du territoire national et de l'unité nationale dans le respect des spécificités culturelles de toutes les composantes de la Nation »*.

Le Cameroun ne fait pas exception à la règle. L'art.1 al.2 dispose : *« La République du Cameroun est une et indivisible »*. De ces constitutions, il ne serait pas trop de conclure que les Etats unitaires décentralisés, voire régionalisés tentent de concilier deux exigences apparemment contradictoires d'une part le droit à l'autodétermination des peuples et, d'autre part le respect de l'intégrité du territoire.

André N'kolombua a pu véhiculer que : *« Vu sous cet angle, l'antagonisme entre le droit des peuples à disposer d'eux-mêmes et l'intégrité territoriale des Etats surgit*

---

[90] -H. S. NNANGA, op. Cit. , p.182.

indubitablement de la méconnaissance par l'appareil d'Etat des droits et libertés fondamentaux d'un peuple et des personnes humaines »[91].

De surcroit, la stabilité de tout Etat postule le respect de son intégrité territoriale. Pour être clair, intégrité territoriale consacrée par les Etats africains, c'est le respect du cadre territorial défini des compétences d'un Etat, cadre défini par les frontières terrestres, maritimes et aériennes. Ainsi, l'intégrité territoriale d'un Etat, comme son corollaire, l'intangibilité des frontières, conduit logiquement à la sacralisation du territoire et à la sainteté des frontières.

Quant au droit des peuples à disposer d'eux-mêmes prévu par bien des constitutions africaines, il demeure un préalable à la jouissance des droits de la personne humaine. Un Etat qui viole ce droit méconnaît par conséquent les droits fondamentaux et plus particulièrement ceux relatifs aux minorités nationales. Inversement, la violation des droits de l'homme constitue une atteinte au droit des peuples à disposer d'eux-mêmes. Cet antagonisme est illustré par un certain nombre de conflits.

Parmi ces conflits, il importe de mentionner les plus significatifs, particulièrement au point de vue du heurt entre un peuple qui revendique son droit à disposer de lui-même et l'appareil d'Etat qui s'oppose à cette revendication en vertu des principes de l'intégrité territoriale et de l'unité nationale. Dans cette mesure, la question du Biafra, de l'Erythrée, de l'Ogaden constituent des illustrations parfaites, certes non exhaustives, de l'antagonisme entre le droit des peuples à disposer d'eux-mêmes et l'intégrité territoriale des Etats.

Toutefois, cet antagonisme peut être surmonté c'est-à-dire dépassé soit au profit d'une minorité revendiquant son droit à l'autodétermination soit au profit de l'appareil d'Etat. La nouvelle synthèse qui en résulte permet de rétablir la complémentarité entre ces deux principes grâce à la mise en œuvre des mécanismes institutionnels à base territoriale c'est-à-dire le fédéralisme et la décentralisation.

Eu égard à ces considérations, il serait juste de parler d'une *« ambivalence des relations entre le droit des peuples à disposer d'eux-mêmes et l'intégrité territoriale des Etats »* dans les législations nationales des Etats ayant consacré ces deux principes.

La décentralisation du haut vers le bas est donc en règle générale difficile à réaliser. En pratique, si la décentralisation peut indiscutablement contribuer à rendre le problème des minorités moins aigu, il faut faire bien attention au fait que, dans chacune des nouvelles

---

[91] - A. N'KOLOMBUA. L'ambivalence des relations entre le droit des peuples à disposer d'eux-mêmes et l'intégrité territoriale des Etats en droit international contemporain. Mélanges offerts à Charles Chaumont, éd. A. Pédone, 1984, p.451.

collectivités ainsi formées, il peut se trouver de nouvelles minorités qu'il faudra prendre soin de ne pas discriminer à leur tour.

Un tragique exemple de ce fait est la Yougoslavie, où la division du pays en six républiques indépendantes a rendu les conflits des minorités encore plus aigus qu'auparavant au point de dégénérer en guerre civile. Par ailleurs, malgré leurs vertus en matière de protection des minorités, les mécanismes institutionnels à base territoriale ne sont pas dépourvus de limites.

En effet, ils engendrent plutôt que d'apaiser les revendications séparatistes[92]. Dans le même ordre d'idées, une minorité bénéficiant d'une autonomie politique et juridique pourrait imposer à ses membres des normes incompatibles avec les droits fondamentaux de la personne. Le problème minoritaire peut en outre subsister si le découpage ethnique ou linguistique ne coïncide pas.

C'est ainsi qu'une autre technique a été consentie par les Etats africains relative à la protection des minorités par le canal des droits de la personne.

CHAPITRE II : LA PROTECTION NATIONALE DES MINORITES AFRICAINES PAR L'ENTREMISE DES DROITS DE LA PERSONNE

En Afrique, les Etats démocratiques, à l'instar des autres pays du monde se réclamant de la démocratie, ont affirmé leur attachement aux droits de la personne consacrés par les textes au niveau international.

Certains droits de la personne peuvent être invoqués par les membres des groupes minoritaires c'est-à-dire les personnes appartenant aux minorités religieuses, linguistiques, culturelles pour obtenir une protection de leurs particularités.

Cette protection par les droits de la personne bénéficie par définition à tous puisqu'il s'agit là de droits reconnus à toute personne humaine.

Sa mise en œuvre permet également de contourner les difficultés liées au refus de certains Etats de reconnaître l'existence des minorités sur leur territoire, alors que le bénéfice des protections minoritaires spéciales est le plus souvent lié à une reconnaissance formelle de leur existence.

---

[92] - SCHMITT, ibid., p.17.

Dans cette mesure, nous nous intéresserons d'abord à la protection des minorités religieuses par l'entremise des droits de la personne humaine (section I). Ensuite, nous analyserons la protection des minorités linguistiques par leur mise en œuvre (section II). Enfin, nous dégagerons quelques considérations extralégales pour une effectivité de la protection consacrée (section III).

SECTION I : LA PROTECTION DES MINORITES RELIGIEUSES

Le recours aux droits de la personne humaine constitue une technique traditionnelle. Les deux principaux droits habituellement invoqués dans ce domaine sont évidemment la liberté de religion (paragr. I) et le droit à l'égalité sans discrimination religieuse (paragr. II).

PARAGRAPHE I : LA LIBERTE RELIGIEUSE

Au niveau des législations nationales, les Etats africains, qu'ils soient fondés sur des considérations religieuses ou sur des considérations areligieuses ou antireligieuses comme cela est le cas des Etats qui se réclament du marxisme ou qui se proclament franchement laïcs ou qu'ils établissent une religion d'Etat ou une religion de l'Etat admettent formellement la liberté de religion ou de conviction et très souvent, et de manière simultanée le libre exercice des cultes. Rares sont les Etats qui ne participent pas à ce mouvement général de manière formelle tout au moins, à ce mouvement général d'établissement ou de reconnaissance de la liberté de religion ou de conviction.

Ce droit appartient à tous en tant que droit de l'homme fondamental et ne vise donc pas spécialement les minorités ni le droit à l'éducation. Il est reconnu par la plupart des constitutions.

Le problème qu'on peut relever ici est en relation avec la définition de la minorité religieuse et donc de la religion, d'autant plus que la protection va en dépendre. Il est impossible de trouver une définition satisfaisante de la religion protégée en raison des importantes différences de fonctions entre les divers systèmes connus.

Certaines constitutions africaines ne parlent pas de religion mais de « foi religieuse » ou simplement de « croyances » (Guinée, article 7 ; Togo, article 37 ; article 8 de la constitution du Niger qui distingue entre religion et croyance), ou de liberté des cultes (Rwanda article 18).[93]

Comme le font observer plusieurs auteurs, les religions sont des systèmes de croyances et de pratiques, de mythes, de rites et de cultes ayant pour effet d'unir entre eux les membres d'un groupe et d'assurer sa permanence et souvent même son identité ethnique.[94]

Pour illustration, la nouvelle Constitution sénégalaise dispose en son art.5 : « *Tout acte de discrimination raciale, ethnique, ou religieuse(...) pouvant porter atteinte à la sécurité intérieure de l'Etat ou à l'intégrité du territoire de la République sont punis par la loi* ».

De la même manière, l'art.8 consacrant les libertés et droits fondamentaux fait état des libertés religieuses. C'est ce qui fait du Sénégal « *un pays où toutes les religions se confondent dans une structure sociale créée par une parenté originelle à laquelle personne ne renonce, différenciant ainsi la société sénégalaise de beaucoup d'autres* »[95].A ce sujet, l'art.24 est sans ambiguïté lorsqu'il dispose : « *La liberté de conscience, les libertés et les pratiques religieuses ou culturelles, la profession d'éducateur religieux sont garanties à tous sous réserves de l'ordre public.*

Les institutions et les communautés religieuses ont le droit de se développer sans entrave. Elles règlent et administrent leurs affaires d'une manière autonome ».

Le Cameroun, à l'instar du Sénégal a consacré ce droit. Aux termes du préambule de la nouvelle Constitution camerounaise, « *nul ne peut être inquiété en raison de ses origines, de ses opinions ou croyance en matière religieuse (...). La liberté du culte et le libre exercice de sa pratique sont garantis* ».

Le Maroc également bien que l'islam soit la religion de l'Etat a consacré ce droit. C'est ce qui ressort de l'art 6 de la Constitution marocaine lorsqu'il dispose : « *L'islam est la religion de l'Etat qui garantit à tous le libre exercice des cultes* ».

A l'heure actuelle, la tendance dominante est que la liberté de religion est indissociable de la liberté de changer de religion. Déjà, en 1986 Elisabeth Odio Benito écrivait, relativement à certains instruments reconnus par bien des Etats africains que tout en étant libellées différemment, elles tendaient, finalement, toutes au même objectif à savoir que

---

[93] Ferhat HORCHANI. *Constitution, normes internationales et protection des minorités.* in « Recueil de l'Académie Internationale de Droit Constitutionnel », Volume XII Droit constitutionnel et Minorités, pp.274-275
[94] Cf. Joseph YACOUB, cité par Ferhat Horchani, ibid. , Y. Ben Achour « souveraineté et protection internationale des minorités », R.C.A.D.I, 1994,t.245, pp. 348-351.
[95] - Doudou NDOYE, *La Constitution sénégalaise du 7 janvier 2001 commentée et ses pactes internationaux annexés*, p.45.

toute personne avait le droit d'abandonner une religion ou une conviction et d'en adopter une autre ou de n'en adopter aucune. C'était, ajoutait-elle, le sens implicite de la notion de droit à la liberté de penser, de conscience et de conviction, quelle que fut la forme sous la quelle se présentait cette notion. Dans le même ordre d'idées, le comité des droits de l'homme dans l'observation qu'il a formulée, le 22 juillet 1993, sur l'art. 8 du Pacte des droits civils et politiques aboutit à la même conclusion.

Le comité fait observer, en effet que la liberté « *d'avoir ou d'adopter* » une religion ou une conviction « *implique nécessairement la liberté de choisir une religion ou une conviction, y compris, notamment, le droit de substituer à sa conviction actuelle une autre conviction ou d'adopter une position athée, ainsi que le droit de conserver sa religion ou sa conviction* ».

A la lumière de cette considération, il apparaît que la liberté religieuse reste une garantie incontournable à la sauvegarde des droits des minorités dans l'exercice de leur religion. La liberté de religion, garantie dans les instruments constitutionnels, implique le droit de créer et de gérer des écoles privées confessionnelles et d'y envoyer ses enfants, l'Etat ayant le droit cependant d'imposer des normes pédagogiques minimales et de contrôler les qualifications professionnelles de ses enfants. En plus de cette liberté religieuse, le droit à l'égalité et l'interdiction de la discrimination sont pertinents en ce sens

PARAGRAPHE II : LE DROIT A L'EGALITE ET L'INTERDICTION DE LA DISCRIMINATION

Les développements les plus intéressants dans la protection des minorités religieuses par les droits fondamentaux se situent dans le domaine du droit à l'égalité et de l'interdiction de la discrimination. Il existe un lien entre les concepts d'égalité, de non discrimination et de protection des minorités. Dans son avis du 6 avril 1935[96], la CPJI a déclaré que l'idée fondamentale de tout système de protection des minorités est d'assurer à celles-ci la possibilité d'une coexistence pacifique avec le reste de la population, tout en gardant leurs caractéristiques propres. Pour atteindre ce but, deux conditions doivent être réunies.

D'abord, il faut garantir aux membres des minorités la jouissance de tous les droits sur un pied de parfaite égalité avec les autres ressortissants de l'Etat. Ensuite, il faut leur assurer la possibilité de conserver leurs caractéristiques et traditions propres. Suivant la Cour, « *les*

---

[96] - Avis relatif aux écoles minoritaires en Albanie, Série A/B, n°64, p.17.

deux choses sont étroitement liées, car il n'y aurait pas de véritable égalité entre majorité et minorité si celle-ci était privée de ses propres institutions et, partant, obligée de renoncer à ce qui constitue l'essence même de sa vie en tant que minorité »[97]. Le développement du concept de discrimination indirecte permet en effet aux minorités de contester des normes étatiques neutres, applicables de façon uniforme à tous, mais qui ont des effets préjudiciables sur la liberté religieuse de certains groupes.

Dans tous ces cas, une « obligation d'accommodement » incombe aux organismes publics ou privés qui sont à l'origine de la mesure incriminée. Ils doivent offrir aux personnes affectées un accommodement qui se traduira par une exception à la règle générale ou par un arrangement particulier à moins qu'on ne puisse démontrer que l'arrangement réclamé imposerait une « contrainte excessive » par le coût ou les inconvénients qu'il entraîne.

Le principe d'égalité et de l'interdiction de discrimination peut aussi renvoyer à un autre principe efficace à la protection des minorités religieuses : c'est le principe de la laïcité consacré par bien des législations nationales africaines. L'art.1er de la constitution camerounaise en fait état : « *(...). La République du Cameroun est un Etat unitaire décentralisé.*

Elle est une, indivisible, laïque, démocratique et sociale ».

Le Sénégal s'est inscrit dans la même lignée. L'art.1er de la Constitution le consacre. Aux termes dudit article, la République du Sénégal est laïque, démocratique et sociale. Elle assure l'égalité devant la loi de tous les citoyens sans distinction d'origine, de race, de sexe, de religion. Elle respecte toutes les croyances.

La notion de laïcité en République du Sénégal a été bien cernée par rapport à la religion explicitée par le Président Abdou Diouf en des termes qui méritent une reproduction intégrale.

« La laïcité peut être aussi une manifestation du respect d'autrui. Il s'agit, bien sûr, d'une laïcité bien comprise et bien pratiquée.

Cette laïcité ne saurait être anti-religieuse : ce ne serait d'ailleurs plus une véritable laïcité, ce serait comme, hélas, dans certains pays instituer l'athéisme comme religion d'état. J'irai plus loin en disant qu'un Etat laïc ne peut ignorer les institutions religieuses. Dès lors que les citoyens embrassent une religion, il appartient à l'Etat de faciliter la pratique de cette religion comme d'ailleurs les autres activités vitales des citoyens.

---

[97] - Ibid.

Il appartient à ceux qui gouvernent de s'informer pour décider et donc d'écouter et de consulter les autorités religieuses.

Et l'homme d'Etat qui ne le ferait pas ne se conduirait pas en laïc mais en aveugle et sourd : pour être plus clair, il ne se conduirait en homme d'Etat et il ne respecterait pas ses concitoyens.

En revanche, chacun, quelque soit sa religion et la faveur dont elle jouit dans son pays, doit respecter celui qui ne partage pas sa foi ou qui a choisi de l'exprimer autrement. Je dis bien « respecter » car il ne s'agit pas seulement de « tolérance », comme on le dit très souvent. Il ne s'agit pas d'ignorer et d'excuser ou même d'admettre, mais de respecter la croyance d'autrui et son expression.

La laïcité est la conséquence de ce respect dû à autrui et la condition de l'harmonie de notre société »[98]. Telle semble donc être en droit sénégalais la signification du principe de la laïcité.

Ce respect du et manifesté à autrui, qui est indéfectiblement l'une des vertus anciennes et fondamentales de la société sénégalaise permet une vie harmonieuse entre les personnes de religions différentes, d'origine ou de traditions différentes.

On constate donc que les droits de la personne jouent un rôle très important et pratiquement suffisant en matière de protection des minorités religieuses, surtout si on tient compte du concept d'obligation d'accommodement.

.   Force est de préciser que les minorités linguistiques sont également protégées par l'entremise des droits de la personne.

SECTION II : LA PROTECTION DES MINORITES LINGUISTIQUES

La possibilité pour les minorités linguistiques d'invoquer les droits de la personne afin de faire respecter certains aspects de leur droit d'utiliser leur propre langue, constitue un développement plus récent que le recours à ces mêmes droits par les minorités linguistiques.

Les deux principaux droits susceptibles d'être invoqués ici sont la liberté d'expression (paragr. I) et, de nouveau, le droit à l'égalité et l'interdiction de la discrimination (paragr. II).

---

[98] - Allocution prononcée par le président Diouf le 7 novembre 1984 à l'occasion de la rentrée solennelle des cours et tribunaux.

PARAGRAPHE I : LA LIBERTE D'EXPRESSION

La liberté d'expression a été interprétée dans plusieurs pays, ainsi que par certains organes d'application de conventions internationales sur les droits de la personne comme étant le droit de s'exprimer librement dans la langue de son choix, du moins dans le domaine des relations privées. Elle peut donc être invoquée pour contester des normes interdisant ou limitant l'usage d'une langue dans ce domaine.

Il faut souligner qu'il semble habituellement admis que la liberté d'expression n'implique pas le droit d'utiliser la langue de son choix dans les communications des individus avec les instances étatiques.

Ainsi, dans l'affaire Ballantyne, le comité a indiqué que : *« s'il est légitime qu'un Etat choisisse une ou plusieurs langues officielles, il ne l'est pas qu'il supprime, en dehors de la vie publique, la liberté de s'exprimer dans la vie publique, la liberté de s'exprimer dans la langue de son choix »*[99]. Ce qui signifie que l'Etat n'est pas obligé de reconnaître un statut officiel aux langues des minorités ni, ce qui reviendrait au même, de permettre leur utilisation dans les rapports des particuliers avec les instances étatiques.

En effet, si l'Etat doit rester neutre en matière religieuse, neutralité qui peut se traduire par l'absence de soutien à toute religion ou par un soutien légal à toutes les religions, il ne saurait manifestement rester neutre en matière linguistique puisqu'il doit forcément s'exprimer dans une ou plusieurs langues qui occuperont dès lors une position privilégiée et qu'il ne peut évidemment s'exprimer dans toutes les langues parlées sur son territoire. Cependant, l'Etat en pareille circonstance, doit faire prévaloir des critères objectifs et rationnels.

L'importance numérique des diverses communautés linguistiques présentes sur le territoire, le fait que certains soient des minorités historiques, traditionnellement établies, alors que d'autres soient issues d'une immigration plus récente, le rôle historique joué par certains groupes dans la fondation de l'Etat, le degré d'expansion ou de domination des langues constitue autant de critères objectifs et rationnels.

Tous les Etats modernes reconnaissent un caractère officiel à une ou plusieurs langues; aucun ne reconnaît un tel caractère à toutes les langues parlées sur son territoire. Dans cette

---

[99] - Ballantyne, Davidson et McIntyre contre Canada, communications 359/1989 et 385/1989, 31 décembre 1993 ; rapport du Comité des droits de l'Homme, Doc. Off. A. G. 48ème session, supp. N°40 aux p.p.337-356 ; Doc. N.U. A/48/40(1993)

mesure, en Afrique deux positions ont été relevées : d'une part l'existence d'un bilinguisme officiel et d'autre part la reconnaissance d'une seule langue officielle.

Dans le cadre du bilinguisme, une distinction s'impose entre d'un côté la reconnaissance du bilinguisme officiel au niveau central et de l'autre la reconnaissance du bilinguisme reconnu localement. Dans la première catégorie, on dira que l'Etat offre des services dans deux langues. Ainsi au Cameroun, la Constitution dispose en son art.1 al.3 : « *la République du Cameroun adopte l'anglais et le français comme langues officielles d'égale valeur (...)* ». Le second exemple demeure l'Erythrée où les deux langues officielles demeurent l'arabe et le tigrina.

Quant à la seconde tendance, elle est relative aux pays où les structures politiques prévoient un bilinguisme officiel sur une portion du territoire sans que ce bilinguisme s'applique à l'Etat central. Cela reste vérifiable en Afrique du sud.

Au Nigeria également, depuis les années 80 près d'une vingtaine d'Etats ont rendu le haoussa co-officiel avec l'anglais à leur chambre d'Assemblée; quatre l'ont fait avec le yorouba et deux avec le ibo. Ces options ont pour fondement la Constitution fédérale. En vertu de ce texte, l'anglais doit être utilisé dans les deux chambre de l'Assemblée Nationale et, lorsque les mesures nécessaires sont prises, le Haoussa, l'ibo et le Yoruba peuvent être utilisés. La Constitution prévoit que l'assemblée d'un Etat peut utiliser, en plus de l'anglais, une ou plusieurs des langues en usage dans cet Etat[100]. L'explication est simple : l'introduction d'une langue régionale dans la législature des Etats était une question de nécessité, particulièrement dans le nord où la reconnaissance de l'anglais est rudimentaire et où l'haoussa est parlé par plus de 18 millions de locuteurs et par au moins 50% de la population comme langue seconde.

Certains pays n'ont consacré qu'une seule langue officielle. Il en est ainsi du Sénégal. La nouvelle Constitution à l'instar de ses précédentes, annonce de façon expresse : « *La langue officielle de la République du Sénégal est le Français. Les langues nationales sont le diola, le malinké, le poular, le sérère, le soninké et le wolof et toute autre langue qui sera codifiée* ».

Doudou Ndoye nous apprend que dans les années 80, un ministre de l'économie et des finances présentait son budget à l'Assemblée Nationale en langue française, l'un des députés de l'opposition a pris la parole en langue nationale wolof pour interpeller le ministre et

---

[100] - V. art.55 et 97.

critiquer la politique du Gouvernement. Le ministre répondit alors en poular. Cette anecdote renvoie dans une certaine mesure au rapport de dominance d'une langue sur une autre[101].

A la suite de ce constat, il apparaît que le choix de la langue officielle du colonisateur demeure un remède efficace dans la mesure où il tend à estomper la prévalence d'une langue sur une autre pouvant être source de frustrations désastreuses pour la stabilité de l'Etat. Pour autant, les langues nationales ne sont pas laissées en rade.

Pour preuve, elles peuvent être utilisées au niveau de l'Assemblée nationale. Des cours d'alphabétisation sont également organisées en fonction des langues des populations. A coté de la liberté d'expression, le droit à l'égalité et l'interdiction de la discrimination sont consacrés.

PARAGRAPHE II : LE DROIT A L'EGALITE ET L'INTERDICTION DE LA DISCRIMINATION

Le droit à l'égalité et l'interdiction de la discrimination sont des droits pouvant servir à protéger les droits des minorités. Ainsi, dans l'affaire « Diergaardt c. Namibie » du 6 septembre 2000, le Comité a été majoritaire d'avis qu'une circulaire émise par le gouvernement de la Namibie[102], interdisant aux fonctionnaires publics l'usage d'une langue autre que l'anglais dans leurs communications officielles avec les administrés, même au téléphone, constituait une discrimination contraire à l'art.26 du Pacte international. Il s'agit donc de deux droits assurant une certaine liberté en permettant de lutter contre des mesures interdisant ou restreignant l'usage d'une langue lorsque cette interdiction ou ces restrictions sont discriminatoires.

Ce qui est pratiquement toujours le cas puisque l'Etat n'interdit ou ne restreint jamais toutes les langues en même temps, et surtout pas sa propre langue officielle. Le principe d'égalité joue ici un rôle similaire à celui de la liberté d'expression et les deux sont d'ailleurs souvent invoqués parallèlement.

Est-il possible d'aller plus loin et d'arguer que le droit à l'égalité et l'interdiction de la discrimination devraient permettre de réclamer des mesures positives destinées à établir ou à rétablir une plus grande égalité entre ceux qui parlent la langue majoritaire ceux qui parlent une langue minoritaire dans le domaine de l'usage public des langues, c'est-à-dire celui du

---

[101] - D. NDOYE, op. Cit. p.52.
[102] - La Constitution namibienne prévoit que l'anglais est la seule langue officielle.

fonctionnement des services de l'Etat, en imposant à l'Etat, sur le seul fondement du droit à l'égalité, de faire fonctionner certains services publics comme ceux de l'éducation ou de la justice, dans les langues minoritaires parlées par un nombre significatif de personnes ?

Des auteurs de doctrine et des militants des droits des minorités le prétendent. Le point de départ de leur raisonnement est constitué par le concept de discrimination indirecte : le fait d'utiliser une seule langue dans les fonctions de l'Etat, celle de la majorité, entraîne pour les minorités linguistiques des désavantages fondés sur ce qui est leur caractère particulier.

Sur un plan théorique, un tel raisonnement, poussé au bout de sa logique, pourrait donc faire conclure que le fait de n'offrir l'ensemble des services publics étatiques que dans la langue différente est d'entraîner à leur égard une discrimination indirecte.

Une telle position semble être exagérée dans la mesure où le droit international ne va sûrement pas aussi loin. Comme il a été vu précédemment, une telle position irait d'ailleurs contre les principes actuels en la matière, rappelés par le comité des droits de l'homme des Nations Unies dans l'affaire Ballantyne, à savoir qu'en matière d'usage officiel, l'Etat peut légitimement choisir de ne fonctionner qu'en une ou plusieurs langues officielles.

On constate en définitive que les droits de la personne et plus précisément la liberté d'expression et le droit à l'égalité et de l'interdiction de la discrimination sont utiles pour la protection des minorités linguistiques et culturelles surtout dans le domaine de l'usage privé des langues c'est-à-dire celui des relations entre personnes privées, physiques ou morales.

Mais ils ne sont pas interprétés comme permettant de réclamer des droits linguistiques en matière d'usage officiel des langues. Ce qui constitue une grande limite.

A n'en pas douter, l'effectivité de cette protection des minorités reste conditionnée par un certain nombre de considérations extralégales.

SECTION III : QUELQUES CONSIDERATIONS EXTRA-LEGALES POUR UNE EFFECTIVITE DE LA PROTECTION DES MINORITES AU SEIN DES ETATS AFRICAINS

En fait, lorsque nous considérons les solutions légales, force est de constater que la Constitution et la loi ne peuvent résoudre les discriminations que d'une manière très limitée. Les instruments légaux c'est-à-dire les mécanismes institutionnels à base territoriale, autres que territoriaux, ceux relatifs aux droits de la personne consacrés dans les différentes législations nationales, aussi conçus qu'ils puissent être, fut-ce l'instauration d'un régime fédéral, ne peuvent protéger les minorités que s'ils se déploient dans un environnement authentique, solidaire, tolérant et plein de sagesse.

En Inde par exemple, si des minorités linguistiques peuvent coexister paisiblement, c'est dû dans une certaine mesure à la tradition séculaire de tolérance de la société indienne envers les diverses langues et les diverses religions, dans une vision syncrétiste de la société. Le Sénégal constitue également une illustration parfaite de la situation en Afrique. L'objet donc de cette section sera de faire état de ces quelques éléments qui, à notre entendement demeurent décisifs pour un résultat positif de l'initiative relative à la protection des minorités nationales. Ces éléments peuvent être regroupés dans deux catégories d'importance égale : d'une part ceux visant exclusivement les autorités gouvernementales (paragr.1) et d'autre part les éléments à portée générale (paragr.2).

PARAGRAPHE₁ : LES RECOMMANDATIONS VISANT EXCLUSIVEMENT LES AUTORITES GOUVERNEMENTALES

Elles sont relatives d'une part à l'authenticité et, d'autre part à la solidarité et à la responsabilité.

Concernant d'abord l'authenticité, il convient de faire remarquer que l'établissement d'une mesure constitutionnelle n'est utile sinon n'a de sens sans la ferme conviction, volonté de l'appliquer de bonne foi. Tout au contraire, l'inscription de dispositions généreuses dans une Constitution, mais dont chacun sait qu'elles n'ont qu'un but déclamatoire encore moins que déclaratif, conduit à une perte de confiance de la population envers ses autorités. La remarque reste intéressante : il n'est pas facile d'être authentique.

Dans le cadre de la protection des droits de l'homme et donc des droits des minorités religieuses, culturelles et linguistiques, une partie des juristes venant des pays en voie de développement soutiennent que la protection des droits fondamentaux reste tributaire aux conditions économiques. Certes, cet argument contient une dose de vérité dans la mesure où les citoyens jouissent de plus de libertés dans un Etat-providence que dans un pays aux conditions économiques précaires ; en d'autres mots un pays pauvre mais une telle prétention pèche à bien des égards. En effet, comme l'affirme Nicolas Schmitt : « *La pauvreté ne saurait excuser la torture* »[103]. Il y a incontestablement des droits fondamentaux que jouissent les

---

[103] - N. SCHMITT, Op. cit., p.22.

minorités et qui doivent être respectés même dans les conditions économiques les plus difficiles.

En réalité, c'est l'inverse qui devrait normalement se produire : c'est dans des conditions terribles que les droits de l'homme en général et ceux des minorités en particulier doivent être respectés. A vrai dire, si l'on se lance dans une dynamique de comparaison, la garantie des droits des minorités est moins coûteuse que l'entretien d'armées, de polices secrètes.

S'agissant des mécanismes institutionnels à base territoriale, ils ne peuvent arriver à leur fin que si le transfert de compétences est authentique. Or, en Afrique, ces mécanismes sont en général dénués de toute leur portée en raison de l'attachement du droit positif aux principes de l'unité du pays et de l'intégrité du territoire. Au Nigéria par exemple, la plupart des régimes militaires ou civils ont complètement méconnu certaines institutions du fédéralisme. Dans les Etats unitaires, on remarque une limitation des compétences transférées aux différentes collectivités décentralisées prouvant ainsi le manque d'ambition des Etats à aller jusqu'au bout de la logique.

Cet élément d'authenticité permet de ce fait de mesurer l'engagement des Etats quant à la protection des droits des minorités. Il ne serait pas dès lors trop de dire que la prise en considération des questions relatives aux minorités dépend du type de régime. Une identique exigence d'authenticité s'applique à tous les moyens légaux examinés précédemment.

A en croire Schmitt, « *Une technique dont le but est de protéger une minorité ne peut être efficace que si elle dispose de tous les moyens nécessaires pour atteindre son but. Autrement dit si elle est authentique* »[104].

Le pire en la matière, ce sont bien entendu les arrières pensés des politiciens qui institutionnalisent certaines solutions non pour la résolution des problèmes minoritaires mais uniquement pour améliorer leur position ou celle de leur parti. C'est justement là, une attitude de nombreux dirigeants africains.

Quant à la solidarité, l'unanimité est faite sur le fait qu'elle fait partie intégrante des fondements les plus essentiels du fédéralisme. Dans la fédération, il y a en effet des Etats-membres plus grands ou plus petits, plus riches ou plus pauvres, plus intéressants ou moins intéressants. L'essence même du fédéralisme revient à permettre la création grâce à des moyens financiers, techniques ou par le fait de leur environnement d'un certain ajustement

---

[104] - Ibid, p.22.

entre les diverses composantes, autrement dit d'un transfert des plus riches vers les plus pauvres.

En fin de compte, un tel transfert sera utile pour tout le pays et engendrera une amélioration de la situation financière des pays pauvres. Ce qui ne peut être que profitable à tout le monde. Un autre avantage de cette solidarité est de tenir compte des degrés de différenciation de productivité.

C'est dans cette perspective que la phrase selon laquelle l'union fait la force prend toute son ampleur. L'exemple le plus significatif demeure le Nigeria. A coté de ces deux recommandations, d'autres existent et ont une portée générale.

PARAGRAPHE II : LES RECOMMANDATIONS A PORTEE GENERALE

Elles sont au nombre de deux : il s'agit d'abord de la tolérance et ensuite de la sagesse. A propos de la tolérance, il n'y a pas de science ou de techniques de la tolérance. Il n'y a qu'un grand mystère, d'autant plus frappant que c'est l'élément le plus essentiel pour la coexistence pacifique de minorités.

En dépit de l'arsenal juridique le plus complet, aucune minorité ne sera protégée s'il n'y a pas un grand esprit de tolérance au sein de toute la population d'un Etat. Une telle analyse fait référence au fédéralisme démocratique, qui requiert une volonté de se fédérer, donc de signer un contrat, de conclure un pacte. A titre exemplatif, la volonté que les suisses ont d'être unis en dépit de la diversité de leurs dialectes est beaucoup plus importante que n'aurait pu l'être le résultat des mesures de contraintes, même vexatoires. Et cette volonté à notre sens fait partie de ce que nous pouvons appeler la tolérance.

La neutralité de l'Etat est évidemment d'une importance considérable en pareille circonstance. C'est d'ailleurs ce qui fait que, comme nous avons eu à le mentionner, la plupart des Etats confrontés aux problèmes des minorités religieuses, ont adopté la laïcité.

C'est peut-être là la seule manière de sortir de l'impasse c'est-à-dire d'institutionnaliser la tolérance.

En tout état de cause, l'Etat ne doit cesser de répéter et de montrer à quel point la tolérance est importante tout en veillant à son respect non seulement à l'égard des gouvernés mais aussi et surtout à l'encontre des autorités gouvernementales.

Pour ce qui est de la sagesse, c'est un élément, voire un point culminant pour une effectivité de la protection des droits des minorités. Elle implique que les minorités sont amenées à prendre elles-mêmes leur destinée en main et de ne pas se contenter de se lamenter sur leur état.

L'autonomie culturelle peut exister si elle se base sur une certaine autonomie économique. La survie d'une minorité culturelle n'est pas forcément mieux garantie par une déclaration de guerre à la majorité: un minimum de réalisme et d'objectivité, lié à une forte volonté politique demeurent des armes efficaces et pertinentes[105].

---

[105] - Ibid, p.25.

CONCLUSION

Au terme de l'analyse, l'on s'accorde sur un point : dans le système africain, les minorités nationales bénéficient d'une protection aussi bien au niveau international qu'au niveau national, toutes deux relatives aux mesures légales et souffrantes d'un certain nombre de limites.

Au niveau international, ce régime de protection varie du point de vue du degré d'engagement selon qu'on se situe dans le cadre onusien ou dans le cadre régional africain.

En effet, si les Nations Unies ont fini par élaborer une déclaration spécifique aux minorités et bien d'autres documents y afférents, tout le contraire est le droit régional africain qui, concernant la protection des minorités nationales, procède par prétérition. En d'autres termes, dans le cadre régional africain aucun texte spécifique à la protection des minorités religieuses, ethniques et culturelles n'a été institué.

Sous l'angle du droit national, une remarque similaire s'impose : le régime de protection des groupes minoritaires varie en fonction des législations nationales. Alors que tous les systèmes nationaux ont affirmé dans leurs constitutions respectives leur foi aux instruments internationaux relatifs aux droits de l'homme lato sensu et plus particulièrement au principe d'égalité et l'interdiction de la discrimination ainsi que l'atteste Blaise Tchikaya : « (...)*Toutes les constitutions africaines se gardent bien toutes de prévoir des conditions discriminatoires contre des groupes, des communautés, même si la pratique politique pourrait être différente* »[106], bien des législations nationales, voire la majeure partie d'entre elles sont réticentes à consacrer expressément la protection des minorités dans leurs chartes fondamentales.

Une telle opinion n'est consentie que par une infime partie des Etats parmi lesquels le Cameroun. Or, à notre sens cela semble non seulement pertinent et crucial pour un meilleur épanouissement des minorités dans leurs Etats respectifs mais aussi en vue du respect du principe d'égalité qui exige que les situations semblables soient traitées semblablement et les situations dissemblables différemment.

Devant donc ce vide juridique et institutionnel au plan régional africain et dans la plupart des législations nationales pour la protection des groupes minoritaires, il nous paraît

---

[106] - B. TCHIKAYA, Op. cit.

intéressant comme le soutient Mutoy Mubiala[107] d'adopter une « convention africaine » relative à cette question dans le cadre de l'U.A.

Pour sa mise en œuvre sur place un organe sui generis, le « comité africain des minorités », qui jouera le rôle de médiateur entre les Etats et leurs minorités en vue de chercher à trouver des solutions appropriées aux problèmes de ces dernières.

Au niveau non gouvernemental devrait être créé par les défenseurs des droits de l'homme un « observatoire des minorités africaines », organisme qui pourrait selon Mubiala être doté d'un statut consultatif auprès d'organes compétents en matière de protection des droits de l'homme aussi bien dans le cadre régional africain que de l'ONU. A terme, il devrait jouer un rôle similaire à celui d'organismes de défense des droits des populations autochtones, lesquels constituent dorénavant un moyen de pression international efficace.

Convient-il le rappeler et le reconnaître, le problème des minorités n'est pas qu'une question ethnique comme d'aucuns le penseraient : il s'agit aussi de langue, de religion, de culture ou de mode de vie.

A ce titre, il est illusoire de soutenir et de considérer qu'il existe une seule solution relative aux mesures légales qui permettrait comme un coup de baguette magique de les résoudre. La protection légale est certes un moyen de résolution des conflits emportant les minorités et donc de protection des minorités nationales, mais elle doit pour être efficace s'inscrire dans un environnement socio- politique favorable, marqué avant tout par la sagesse et une volonté de tolérance.

Ce qui est bien difficile à trouver à l'heure actuelle au seul motif que les souverainetés nationales ont pour limite la sphère d'application des droits de l'homme.

Il n'est donc pas faux lorsqu'il considère que la question capitale, la seule qui soit décisive pour les temps à venir est de se donner les moyens politiques, sociaux, individuels d'appliquer les principes et transformer les droits de l'homme en réalité quotidienne.

Par ailleurs, malgré l'attention internationale portée aux terribles conflits minoritaires ayant ravagé l'histoire de l'Afrique depuis l'indépendance, les traditions africaines qui privilégient avec succès les médiations entre les différents groupes ethniques, religieux, culturels et facilitent les bonnes relations et un aspect mutuel ne doivent pas être ignorés.

---

[107] - M. MUBIALA, op. Cit., p. 38.

Si des efforts sont déployés pour assurer la protection des minorités en Afrique conformément au droit international, il s'avère également opportun de profiter de certaines de ces traditions afin de construire de véritables sociétés multiculturelles, multi religieuses, multilinguistiques.

On s'aperçoit dès lors que protéger les minorités nationales dans le système africain n'est pas œuvre facile. Pour reprendre une formule chère à Schmitt : « *Comme le problème est complexe, la solution ne peut être que complexe* »[108]. N'est ce pas là inciter les Etats africains à consentir d'énormes efforts pour une meilleure protection des minorités puisque les insuffisances de la protection consacrée peuvent bouleverser la stabilité du continent et partant entraîner des conséquences désastreuses ?

Le constat suivant est plus réaliste : toute publicité au sujet de la protection des minorités présente le risque d'être déclamatoire. En d'autres termes, la protection des minorités appelle des solutions pratiques et concrètes au niveau des gouvernants[109].

---

[108] - N. SCHMITT, op. cit. P.34.
[109] - Il s'agit là du problème de l'efficacité et de l'effectivité du droit. V. BARANES (W.) et Frison-Roch (M.-A.), Le souci de l'effectivité du droit, Rec. Dalloz Sirey, 1996, 35ᵉ Cahier- Chronique, pp.301-303.

BIBLIOGRAPHIE

DOCUMENTS OFFICIELS

TEXTES INTERNATIONAUX

- ✓ Charte des Nations Unies.
- ✓ Convention de l'OIT.
- ✓ Convention pour la prévention et répression du crime de génocide
- ✓ Déclaration sur l'élimination de toutes les formes d'intolérance et de discrimination fondée sur la religion ou la conviction.
- ✓ Déclaration universelle des droits de l'homme.
- ✓ Déclaration des personnes appartenant aux minorités nationales ou ethniques, religieuses et linguistiques adoptée par l'Assemblée générale des Nations Unies en décembre 1992.
- ✓ Pacte international relatif aux droits civils et politiques
- ✓ Pacte international relatif aux droits économiques, sociaux et culturels.

TEXTES REGIONAUX

- ✓ Charte africaine des droits de l'homme et des peuples.
- ✓ Cour africaine des droits de l'homme et des peuples.
- ✓ Protocole relatif à la Charte africaine des droits de l'homme et des peuples portant création de la Cour africaine des droits de l'homme et des peuples.

TEXTES NATIONAUX
- ✓ Constitution sénégalaise de 2001.

✓ Constitution Camerounaise adoptée en 1996.

✓ Constitution marocaine adoptée en 1996.

✓ Constitution fédérale du Nigeria adoptée en 1999.

MANUELS ET OUVRAGES

1) BOKATOLA Isse Omanga. *L'Organisation des Nations Unies et la protection des minorités.* Bruxelles : Bruylant, 1992.

2) COT Jean Pierre et Alain Pellet. *La Charte des Nations Unies.* Paris: Economica, 1991.

3) CROISAT Maurice. *Le fédéralisme dans les démocraties contemporaines.* Montchrestien : EJA, 2 édition, 1995.

4) DUROSSELLE Jean- Baptiste, André Kaspi. *Histoire des relations internationales de 1945 à nos jours.* Paris : Arman Colin, 2001.

5) ERGEC R., J. Velaers, J. Spreutels, et al. *Maintien de l'ordre et droits de l'homme.* Bruxelles : Bruylant 1987.

6) GONIDEC Pierre- François. *Relations internationales africaines.* Paris : LGDJ, EJA, 1996.

7) JONATHAN Gérard Cohen. *La Convention européenne des droits de l'homme.* Economica, 1989.

8) KABA Sidiki. *Les droits de l'homme au Sénégal, Xaam sa yon.* 1997.

9) MBAYE Kéba. *Les droits de l'homme en Afrique*. Paris : A. Pédone, 1992.

10) SEGUI-Degni René. *Les droits de l'homme en Afrique noire francophone (Théories et réalités)*. Abidjan : Ed. CEDA, avril 2001.

11) ZARTMAN I. William. *La résolution des conflits en Afrique*. Paris : L'harmattan, 1990.

ARTICLES ET ETUDES

1) BOKATOLA Isse Omanga. « Les droits des minorités : entre droits culturels et droits politiques », in *Vues d'Afrique* n°2.

2) EIDE Absjorn. « La réforme de la protection internationale des droits des minorités », in *Premier Colloque international sur les droits de l'homme, la Laguna*, Bruxelles : Bruylant, Ténérife, 1_4 novembre 1992, 1993.

3) KASONGO Makita-Kass. « Fédéralismes africains : l'idée fédérale dans l'afrique des turbulences politico ethniques », in *Revue internationale de politique comparée*, 2003-1(volume 10), pp.19à40.

4) TURP Daniel. « Le contrôle du respect du Pacte international relatif aux droits économiques, sociaux et culturels », in *Mélanges Michel Virally*, Paris, éd. A. Pédone, 1991, p.465.

5) MUBIALA Mutoy. « La protection des minorités ethniques en Afrique », in *Revue de la Commission africaine des droits de l'homme et des peuples*, Tome 3, Numéro 1&2,1993, p.28.

6) FALL Ibrahima. « Les mécanismes de protection des droits de l'homme développés au sein du système des Nations Unies », in *Revue de la Commission africaine des droits de l'homme et des peuples*, Tome 4, Numéros 1&2, 1994, p.11.

7) Majzoub –Quilleré Fabienne. «L'option juridictionnelle de la protection des droits de l'homme en Afrique – Etude comparée autour de la création de la Cour africaine des droits de l'homme et des peuples », in *Revue trimestrielle des droits de l'homme*, 2000.

8) WOEHRLING José. « Les trois dimensions de la protection des minorités en droit constitutionnel comparé », (2003-04) 34 R.D.U.S.

9) SCHMITT Nicolas. « Protection des minorités, fédéralisme et démocratie de concordance : tout est lié ! » in *Conférence sur le Burundi* – Genève 17 -19 avril 1996, Institut du Fédéralisme - Université de Fribourg (Suisse), p10.

10) SLIMANE Samia. « Reconnaître l'existence des minorités en Afrique », in *Minority Rights Group International* 2003, publié en mai 2003.

11) KASONGO Makita-Kass. « Fédéralismes africains : l'idée fédérale dans l'afrique des turbulences politico-ethniques », in *Revue internationale de politique comparée,* 2003-1(volume10), pp.19 à 40.

12) BOKATOLA Isse Omanga. « Promotion des valeurs humaines, ethniques et culturelles en éducation », in *Revue de la Commission africaine des droits de l'homme et des peuples,* Tome 5, Numéros 1&2, 1995, p.81.

13) MARTEL-MOLY Pascale. « De l'impossible démocratie directe ? » in *La tribune de droit public,* 2-II –N°4/1998, p.269.

14) DUJARDIN- LECOMTE Laurence. « L a laïcité est-elle encore un grand combat républicain ? » in *La tribune du droit public,* 1 –II – N°3/1998, p.269.

15) TCHIKAYA Blaise. « Le droit international et le concept de minorité : quelques observations à partir du cas de l'Afrique », in *Miskolc Journal of International Law,* vol.5 (2008) n°2.PP. 1-15.

16) NNANGA Sylvestre Honoré. « La protection des minorités : principe constitutionnel de perfectionnement du principe d'égalité ou consécration de la dictature des minorités ? », in *Revue de la CADHP,* tome 7, n°2, 1998.

17) BOSSUYT M.- J.P DE CUELLAR et al. « Droit Constitutionnel et minorités » in *A.I.D.C.,* Tunis. ISBN 9973-815-42-4. Volume XII, 2003.

TABLE DES MATIERES

www.ingramcontent.com/pod-product-compliance
Lightning Source LLC
Chambersburg PA
CBHW021718210326
41599CB00013B/1692